Мысль и судьба психолога Выготского

天才心理学者

ヴィゴツキーの思想と運命

イーゴリ・レイフ
［著］
広瀬信雄
［訳］

ミネルヴァ書房

日本語版への序文

イーゴリ・レイフ

心理学者レフ・ヴィゴツキーについて書いた私の本が日本で出版されることになり、とてもうれしく思います。それは著者にとって誇らしいからだけではありません。実は、このロシアの天才、そしてイギリスの哲学者スティーヴン・トゥールミンに言わせれば〝心理学のモーツァルト〟は、貴国において特別な関わりがあることを私は知っているからです。また5年前にモスクワで、ロシア人の日本研究者A・パルキンの本『ヴィゴツキー、日本からのまなざし』が出版されたのもおそらく偶然ではないでしょう。その本ではL・S・ヴィゴツキーの創造的な遺産に関する日本の心理学界、言語学界での関心の高まりについて、またヴィゴツキーを扱った日本の研究者（石黒広昭、茂呂雄二、高木光太郎ほか）の論文や図書について、そして、このロシアの偉大な心理学者の研究に焦点を合わせた日本の大学の研究会や学会（たとえば、神戸大学のヴィゴツキー学協会）について語られています。

それと同時に、常々私は思い出すのですが、まさに日本においてアメリカとイギリスと同じ一九六二年に、彼の主著で集大成である『思考と言語』が翻訳され、彼の故国ロシアで二十五年間の発禁後、忘れられていたヴィゴツキーのルネッサンスがまさしくそれから始まったのでした。そして二〇〇一年には日本ではその改訂版が発行されました。

残念ながら日本語について不案内であるため、私は自分の本の翻訳について触れることができません。しかし私にとって最も重要なことは、私がヴィゴツキーを愛するのと同じように、広瀬信雄教授が情熱をもってこの仕事を引き受けてくれたことです。ですから、この点で私と彼は同じ考えの持ち主です。実は私もこのヴィゴツキーという人物がずいぶん前から、まだ私が専門家ではなくて、彼の著作の一行も読んでいなかったころから気になっていたのですが、『芸術心理学』を読み終えてから以前にも増して惹かれるようになりました。

たぶんその幾分かの原因は、わが国でヴィゴツキーの名前がある種の秘密にくるまれていたからでしょう。どこの図書館であろうと、たった一冊であっても彼の本は入れてはならないとされていた当時でさえ、彼はレジェンドになっていました。このようなことは全体主義国家ソビエト体制のひずみであるわけですが、ヴィゴツキーは暗いスターリン主義の政治が始まる前にうまい具合に身《み》罷《まか》ったのでした。

以前、私は招待されたわけでもないのに、彼の家族（娘ギータ・リヴォヴナ・ヴィゴヅカ*ヤと孫娘エレーナ・クラフツォーヴァ、二人とも父や祖父の仕事を継承している心理学の専門家）が暮らしていた住居に行ってみようと決心したのです。

現在クラフツォーヴァ博士はモスクワのヴィゴツキー記念心理学研究所を指導し、ギータ・ヴィゴヅカヤは残念なことにすでにこの世を去りました。でも彼女は逝去されるまでのわずかな時間で父に関する本を出版しました。それは英訳されていますが、『レフ・セミョーノヴィチ・ヴィゴツキー、生涯と活動。肖像のためのディテール』です。この本は彼の伝記に興味をもつものすべてにとって、この上なく価値ある資料となっています。

実は、その時私は手ぶらで行ったわけではなく、詩人アレクサンドル・ブロークの詩集『夜鳴きツグミの庭』を携えて行きました。それは、若き友情の日々にレフ・セミョーノヴィチ・ヴィゴツキーが自筆サインを入れて私の伯母に贈ったものでした。ヴィゴツキーの娘や孫娘と知り合いになった時から、それ以降私の生活は年ごとに多くのことがヴィゴツキーによって決まり、彼の著作の研究に本気で取りかかるようになりました。そしてついに専門家でなかった私が、この本を書こうという気にさせられてしまったのです。

彼の同僚や専門家たちによって書かれたヴィゴツキーの論文や本が山ほどあるにもかかわ

らず、基本的な彼の科学思想がわかりやすく記された一般的な生活伝記録はその時点ではまだありませんでした。加えて私は彼の創造的な探究の「台所」そのものに幅広く読者を招き入れたいと強く思うようになりました。ところで目の届かない深い所に秘められている、人間の思想を探究すること以上に心惹かれることなんて他にあるでしょうか？　どれくらい自分にそれができたのかわかりませんが、もう病気が重くなってしまったころ、ギータ・リヴォヴナはこの本の私の原稿を読み終え、それが最後となってしまった電話で、「いつも、誰かが私の父についてこのような本を書いてくれないかしら、と夢みていたのよ」と言ってくれました。つまり、これは私にとっての最高の読者評でした。

　でも実のところロシアの出版社にこの本に関心をもってもらうのは、それほど容易ではありませんでした。でもある偶然が助けとなりました。ひょんなことで児童心理学の文献を中心に刊行している出版社「ゲネジス」についてネット上で知り、そこに電話をかけてみることにしました。とりわけ十分な準備をしていたわけでもなく、私は原稿について単純に相談してみたいと思っただけでした。この原稿はどこか、誰かに当てがあるものだろうかと。主任編集長のオリガ・サフアーノヴァさんは私の電話にやや戸惑いながら、それでもそれに目を通すことに同意してくれました。「あなたも御存知でしょう。いろいろなものが送られてきますの」と後で彼女も告白したように、私の名前など彼女に何の印象も残さなかったのです。仕事時間が終わり、帰りがけにコンピューターを開いて、彼女はついでに私が送った文章を見てみようとしたのでした。すると彼女はそれをすっかり読み切るまで、肘掛椅子から立ち上がることができなかったのです。そして翌朝、この本を出版する用意ができたと伝えてきました。こうして一晩のうちに、この本の運命が決まったのです。

そして今、この本には重大な試練が待ち受けています。つまり日本の読者を打ちのめすことができるかどうかという試練です。心理学の専門家たちばかりではなく、世界的な科学の創造者たちの運命的伝記に関心をもつ一般の人々もいらっしゃいます。もちろんそのような伝記も多くのことを私たちに教えてくれます。ところが、よりによってヴィゴツキーは、国にとっても、そして何よりも創造的な精神の持ち主にとっても非常に困難な時期に生きた人物です。今日私たちは、それがどんなに苦しいことであったか思い浮かべることさえもできません。そのことについて私の本も何かにつけて触れています。事実を言えば、その短い生涯の中で達成されたことのすべては、逆作用なのです。取り巻く社会が彼に逆作用したのです。ついに墓に連れていった結核という重い病気が彼に逆に作用したのです。貧しい生活、正直に言えば、このような等級の学者にとっては乞食同然の安月給が逆に作用したのです。

ヴィゴツキー自身は、それを超補償と呼んでいます。ろうのベートーヴェンに生じた超補償と同じです。イギリスの宇宙物理学者スティーヴン・ホーキング氏の深刻な筋無力症が生み出した超補償です。実際、ヴィゴツキーが何らかの新しいアイデアに夢中になったとき、通常の人間の型どおりの生活を乱すような多くのことに気づくことはあまりなかったので、そのとき、彼の脳は二十四時間、夜通しで働き続けていたのでした。

でも実際こう思うのですが、運命のあらゆる無常を顧みず、気力を失うことなく、ヴィゴツキーを立ち上がらせたのには別の理由があったかもしれません。それは彼に限りなく忠実な、固く結ばれた研究者仲間です。彼らは後に偉大な心理学者（レオンチェフ、ルリヤ、エリコニン、その他多数）、に成長しました。そして、かくも早く去った恩師の科学的遺産を守るために彼らはあらゆる事をしました。もう一つは彼の家族、母、妻、そして幼い二人の娘たちです。彼がとても大事にした家庭という小さな世界、そして彼が自分の思想で把握した人間の文化という巨大な世界、この「ヴィゴツキー宇宙」の二つの極は、A・プーシキンの表現にしたがえば、彼の心の糧となったのです。

元来、どの人にも通じるありふれた人間的な価値とは、身近な人々への愛、仕事への熱中、同じ考えをもつ人々と交わる喜びです。ただ彼の時代はそのような価値に対して、和解の余地がないくらいすべてが敵対していたのです。しかもヴィゴツキーはその時代の中で生き続け、その中にずっと留まっていることを運命づけられていました。でも彼は、とても稀なことですが、その時代に対して優越した位置に立つことができました。つまり何が重要だったのかということを、彼は自分の同世代人たちだけでなく（『鉄のカーテン』によって引き離されていた多くの人々は彼についてまったく知らなかったのですが）、その後継者である私たちにまで発信することができたのです。だからこそ彼は今なおこんなにも関心をもたれているのです。そのために彼の著作は出版され続け、彼の創造的な遺産をめぐる検討や論争は静まることがありません。その中には日本におけるものも含まれているのです。

二〇一五年三月　フランクフルトにて

＊〔訳注〕ヴィゴツキー（父）は自分の姓をヴィゴツキー（Выготский）と綴ったが、娘たちはヴィゴヅキー（Выгодский）と、元の綴りに戻している。（25ページ参照）

序文　ロシアの心理学を見事に導いた人……

ヴィゴツキーについて、すでにたくさんの書物が出版されている今日（実はそれらはヴィゴツキーの同僚によって著されたものであるし、ヴィゴツキーが同僚にどう接したのかが書かれているものですが）、今さらそれらをさしおいて、それを超えるような別のユニークな本を、まして専門家でも心理学者でもない者が書くことなどできるでしょうか。でもこの本の著者はそれをやってのけました。著者はこのような状況の中で正しい歩みを選択したのです。そして独自に、我が主人公の歩んだ道を一歩一歩たどり、ヴィゴツキーの運命すべてについて、その輪郭はもちろんのこと、とりわけ肝心なことですが、彼の思想ができあがる過程までも私たちの肌で感じられるようにしてくれました。その成果は、偉大なこの心理学者についての、おそらくは初めての芸術的な伝記となりました。

そうです。ヴィゴツキーは二十世紀ロシアでは数少ない偉人の一人であり、一般によくいうところの、誰もが認める天才です。でも彼の名をいろいろな年齢層のさまざまな人文科学分野の研究者みんなが話題にしているとしても、心理学や文学やあるいは言語学から遠いところにいる人々にとって、ヴィゴツキーの役割はさほど知られていないという逆説もありえるでしょう。しかし、この意味でイーゴリ・レイフ氏が書いたこの伝記的な描写は、ロシアが生んだこの天才の創造に、多くの観衆が親しむきっかけとして計り知れない貢献をしてくれるはずです。とはいえ率直に言って軽い探偵物のような通俗小説を求めている人のためにこの本が書かれているのではありません。この著者には別の「引込み《ニッチ》」（像や花を置く壁のくぼみ、壁《へき》がん＝訳者）があるのです。もっとも、作り話としての奇跡ではなく本当の奇跡、つまり人間の思想と比肩できるものなど他に何も挙げることはできないと思いますが、その本当の奇跡に感動する人々を著者は平静で居られなくしてしまいます。しかもその奇跡は、まるで見事に料理され皿に盛られているかのように私たちに届けてくれます。その皿は興味深く小説のようになっていますが、安っぽい推理小説とは違い、読み手に一定の努力を要求してきます。しかしそこで払った努力は、ヴィゴツキーの研究した我々人間の「知的な台所」の奥深くをこの著者の案内で巡り終えたとき、何百倍にもなって返ってくるのです。この感動は他人に伝えることはできません。それは自分自身で感じるしかないのです。

最後にこの著作について私の思いを述べさせてほしいと思います。本書は学生たちにとって思考心理学の教科書になるには違いありませんが、もちろん、その代用書ではありません。でもそのかわり、この著作には他のどんな教科書からも汲みとれないような別のもの、わけて率直で人の心をひきつける人間ヴィゴツキーの、信じられないくらい魅力的な生き生きとした立体像を見出すことができます。スタート地点にこのような人物が立っていたことがロシアの心理学を見事に導いたのです。世界に知られた心理学派の創始者ヴィゴツキーは、私たちに遺産として自らの人間的な生き方までも残してくれました。今日、彼の直接の教え子たちは他界し、また激しく変化した社会状況を背景としながらも、それでもなおヴィゴツキーの人間的な生き方はどんな強度試験にも耐え続けています。だからこそヴィゴツキの科学的な思想を広く知ることと同時に、彼についての一つ一つの生き生きとした人間物語を知ることが大事なのです。イーゴリ・レイフ氏が著した描写は、宝石を物惜しみせずに詰め合わせたような至玉の作品となり、知りたいことは、何もかも織り込まれています。

ヴラジーミル・レヴィ*

＊〔訳注〕ヴラジーミル・レヴィ（一九三八－　）モスクワの精神科医、精神療法医。『具体的心理学』など著書多数。多くは多国語に訳されている。作家としても著名。本書の著者イーゴリ・レイフとは第一モスクワ医科大学（現モスクワ大学医学部）で同級生。

天才心理学者ヴィゴツキーの思想と運命　目次

日本語版への序文　イーゴリ・レイフ
序文　ロシアの心理学を見事に導いた人……ヴラジーミル・レヴィ
第1章　心理学のモーツァルトと三人組……1
第2章　田舎町が生んだ芸術心理学……13
第3章　自らの闘病と障害児教育改革……37
第4章　思想劇としての心理学授業……53
第5章　子どもの思考と言語――心理学の宝石箱……73
第6章　心理学の世界遺産――名著『思考と言語』……99
第7章　優しい父親ヴィゴツキー……131

凡例：本文中の強調体表記（太字）はすべて原著者イーゴリ・レイフによるものです。ロシアの言語・文化・風習などに関することがらについて、適宜訳注を設けました。本文中に紹介された文献で邦訳のあるものは、基本的な情報のみ示しました。なお、各章扉に付した表題と写真は、原著には掲載されていないが、内容を理解する一助として新たに設け、手元にある資料から整理して写真を取り入れたものです。

さらば……
ことばに具現された世界の像も
そして創造されたものも、起こされた奇跡も。

ボリス・パステルナーク

＊〔訳注〕ボリス・パステルナーク（一八九〇－一九六〇）。詩『八月』（パステルナーク晩年六十三歳の作、一九五三年）より。病に倒れ、死線をさまよった日々であり、またスターリン政権が終わった時期の作品。友人やこの世で大切であったものに夢の中で別れを告げている。

　八月の温かな陽光で目を覚まして自分の枕が濡れているのに気づく……自分に迎えが来たのだと。詩行は最終節、最後の二行。

第1章　心理学のモーツァルトと三人組《トロイカ》

十九世紀末ロシアの十年間に（三〜四年のプラス・マイナスはありますが）何人もの天才が生まれています。ノーベル賞の受賞者という意味ではありません。彼らの中にノーベル賞者は一人もいませんでしたから「単なる天才たち」でしょうけれど、そのような人々が相次いで世に出たことに驚きを禁じえません。その理由について何か合理的な説明をしようとしてもなかなかうまくいかないのですが、たぶん、こういう風に言うことはできるでしょう。帝政ロシアの空気には何か批判的なものが立ち込めていて、ドストエフスキーやトルストイやチェーホフを読み、ムソルグスキーやチャイコフスキーを聴き、ソロビヨフやセーチェノフやメンデレーエフの講義を受け、雑誌『祖国公論』や『ロシア報知』を購読していた、ごく平凡な親たちに、ごく平凡な子どもが生まれてくるばかりではなかったのでしょう。たとえそれが千人に一人、百万人に一人の割合であるにしても、です。

実際、この天才たちの創造が成熟していったのは、ロシアにとって最もよい時代というわけではありませんでした（宇宙物理学者ゲオルギー・ガモフやテレビの発明者ヴラジーミル・ズヴォルィキンのことは別にしておきましょう。この二人はロシアを出て行ったきり戻ることはなかったのです）。つまり前記の天才たちのほとんどは大いに辛酸をなめた生涯を送ったのです。

文学ではブルガーコフとパステルナーク、アフマートワとマンデリシュタム、ツヴェターエワとマヤコフスキーがいます。また音楽ではセルゲイ・プロコフィエフ。物理学ではピョートル・カピツァ、イーゴリ・タム、そして膨張する宇宙理論の生みの親アレクサンドル・フリードマン。生物学ではニコライ・ヴァヴィーロフとティモフェーエフ＝レソフスキー、そしてロシアの太陽生物学の創始者アレクサンドル・チジョフスキー。生理学では人間と動物の行動構造理論の著者ニコライ・ベルンシュテイン。そして心理学では……。

　でもレフ・セミョーノヴィチ・ヴィゴツキーの娘たちが自分の父親に対するこのような評価をやっと耳にすることができたのは、父の死後何年も経ってからのことでした。しかもそれはヴィゴツキーの同僚であるアメリカ人研究者の次のようなことばからでした。「あなたのお父様が私たちにとって神様であるということは、ご存知でいらっしゃいますよね。」と、モスクワを訪問したコーネル大学教授U・ブロンフェンブレンナー教授は、やや戸惑い気味の訪問相手の女性に向かっていきなりそう告げたのでした（文献1、一六ページ）。

　まあ、こういうことはロシアの歴史ではよくあることなのですが、ヴィゴツキーについての承認や称賛はソビエト時代のロシアでは行なわれず（ほんの一握りの弟子や後継者は別にして）、その一方で外国においては、彼の著書『思考と言語』はまず英語と日本語に翻訳され、その後その他の多くの言語に訳されました。「ランゲージとスピーチに関する彼の著作を自分のために見つけてから、私は三日間眠りませんでした。」とヴィゴツキーの未亡人宛てに送った手紙の中でそう告白しているのは、ロンドンの大学の同僚バジル・バーンスタインですが、さらにこう述べています。「私共はロシア学派、とりわけヴィゴツキーの伝統に基づいた研究に借りものをしています……」（文献1、一五ページ）。またシカゴ大学時代のスティーヴン・トゥールミンは、ヴィゴツキーをあのモーツァルトと比べようとしています（彼は『ニューヨーク・レヴュー』誌に掲載された論文でヴィゴツキーを「心理学のモーツァルト」と呼んでいます）。

　ああ、このような称賛のせめて一部でもレフ・セミョーノヴィチ・ヴィゴツキー本人のもとに届いていたなら、彼はもう少しは長生きできたかもしれません……。

　ラファエロもプーシキンも
　ロルカもマヤコフスキーも
　天才たちは、三十七歳。

そして、このモーツァルト肌の天才が、天から委ねられた境界を踏み越えるべきではないということがもし正しいとすれば、ヴィゴツキーは自分の人生すべてと運命をもって、このロマンティックなプロクルステスの寝台*にこれ以上なくうまく収まったのです。つまり、ほんの十年間に集中的な研究活動をし（約百五十の論文・著書、記事を著しました）、その創造的な力がまさに開花した時期に結核によって早すぎる死を迎えました。最高峰の著作とも言うべき彼の最後の『思考と言語』には、子ども一人ひとりに人間としての意識が誕生する秘密がきわめて鮮やかに解明されているのですが、それを彼自身は印刷された書物として見ることはできなかったのです。死後二十五年間も、出版に対しては完全な無視と沈黙が続いていました。ヴィゴツキーの研究を引き合いに出すことは厳しく禁じられていたのです。当時、心理学部の学生であった彼の娘ギータは、床下にこっそり隠してあった父の書物を同級生たちに手渡しました。西側の学界が彼の名前を知らなかったのも驚くに値しません（植物学の探検家ニコライ・ヴァヴィーロフとは違っていますね）。実際のところ少なくとも一九六二年までヴィゴツキーは何も知られていませんでした。でもロシアの私たちのところでは彼の名前は伝説になっていたのです。

＊［訳注］ギリシャ神話。強盗プロクルステスは、捕えた人を寝台に寝かせ、寝台よりも長いものは、はみでた部分を切り落とし、短い者は引っ張って無理に引き伸ばしました。

「ちょうどよい時期に死んだ」などと言うのは罪深いことなのですが、ヴィゴツキーの場合については、ああ、まさしくそうなのです。おそらく「児童学」（ペダローギヤ、文字通り「子どもについての科学」）という用語は今日の読者にはピンとこないと思いますが、しかし忘れがたき一九三〇年代において、それは思想的なホメオステーシスを熱心に支持するものにとって闘牛士がもっている赤色の布のようなものでした。この件について覚えている者はだんだん少なくなってきたのですが、後に遺伝学者や言語学者たちにも生じたのと同様に、心理学者たちにも、ゴルゴダの丘［受難の地＝訳者］となった「児童学」というものがありました。俗に言うところ、守ったのは神であり、またヴィゴツキー自身は自分の論文や冊子が泥だらけにされ、ひどい扱いをされる時までは生きていませんでしたし、拡大学術評議会が一九三六年六月四日付の全ロシア共産党中央委員会の決定『教育人民委員部の系統における児童学的な偏向について』[1]をまるで「下から」準備されたかのように見せかけてヴィゴツキーに汚名を着せた時、すでに彼はこの世にいませんでした。しかしヴィゴツキーの教え子や後継者たちはこの大きな杯の底まですっかり飲まされることになり、それが我がロシアの心理学の色調をほとんどまったくと言ってよいほど染めてしまったのです。師ヴィゴツキーの研究抜きに心理学研究など考えられなかった彼ら教え子たちは、直接の引用や引証なしに彼の思想を述べることを余儀なくされました（ちょっと想像してみてください。条件反射についての学説を、あのアカデミー会員パブロフの研究に触れないで展開していくことができるでしょうか）。こうして一九五〇年代の初めにはヴィゴツキーの名前さえ知らないか、あるいは、かろうじて聞いたことがある、というような教育学者や心理学者の世代ができあがったのです。

　でもヴィゴツキーが「ちょうどよい時に死んだ」と言うことの正当性は、まだ半分しか述べていません。「ちょうどよい時に死んだ」ことは彼についてもそうですが、彼とその時代との相互関係の本質について表現するのにこれ以上ないくらいピッタリとした表現なのです。そうです。レフ・セミョーノヴィチ・ヴィゴツキーは事実、大十月革命を受け入れたロシア・インテリゲンツィア（知識階層）に属しています。でも実際ヴェルナツキーもヴァヴィーロフ兄弟も、そしてカピッツァもソビエト政権の協力者でした。それでも彼らは革命がなかったならば、みな学者になっていなかった、と結論することもけっしてできないのです。

ヴィゴツキーについてはあらゆることが違っていました。彼は革命思想のうち自分の精神に近いところを必要なだけ抽出しました。マルクス主義の方法論、その唯物論的弁証法のパトス（情熱）だけを抽出したのです（今日、ユートピア的社会観としてひとまとめに古文書資料を呼んでしまうのは、まったく根拠のないことです）。そして、それらをもとにして意識と思考についての独自の理論を構築し、唯物的で因果的な必然性に貫かれた自分なりの思想を構築したのです。たとえその理論形成が始まったのが、まだ「前唯物論的な時代」であったとしても、つまりヴィゴツキーがモスクワ大学の学生であった時期が一九一三年から一九一七年までであったのですが、それでも彼にとっては珍しく幸運だった次に述べる二つの流れが合流したのです。それは尽きることのない博識と深い教養を身につけ文化遺産を継承している知識階級が「銀の時代」に対して敏感に反応していたこと、そして革命時代の改革者や建設者たちが活動的な熱情をみなぎらせていたこと、の二つです。いずれにせよユダヤ人でベラルーシの僻地出身者であり、田舎者で実のところアマチュアであったヴィゴツキーには大胆さが備わっていたので、当時としてはこの上なく難解でほとんどまだ手がつけられていなかった心理学の諸問題の解決に向かって、権威に屈せず間違うことなく彼は正面から手をつけ始めたのです。

＊　＊　＊

一九二四年にペトログラード（現サンクト・ペテルブルク）で行なわれたヴィゴツキーの最初の（国家規模での）講演に立ち会った人々の回想録が残っています。それは第二回全ロシア精神神経学大会でのことですが、彼はゴメリ県国民教育部の代表委員として、つまり一人の下級実務者として「職務命令」によってこの会に派遣されていました。この大会が精神神経学の理論と実践において、いったいどれほどの貢献をもたらしたのだろうかと考えてしまうのは当然でしょう。この大会は、いわゆる反射学ないしはそれに近い反応学の旗の下で行なわれたものでした。それは条件反射レベルでの精神機能の完全な反応性と、その説明から出発した俗流唯物論を国家規模で展開しようとしたものでした。ですがヴィゴツキー自身の運命にとっては、この大会は決定的に重要なものでしたし、またそれだからこそソビエト心理学はこの大会に負うところが非常に大きいのです。ところで、彼がこの『啓蒙家』であった当時、教育の最前線にいた多くの活動家たちはそう呼ばれたのですが、ヴィゴツキーはまじめにこの大会の準備をしましたし、実はV・M・ベヒチェレフやA・A・ウフトムスキーらが出席していた上層の会議には、都合三つの報告書を上申しており、そのうちの一つが壇上からの口頭報告となったのです。「誰だか名も知られていないようなペルミ市（？）出身の若者が、全員の心を揺さぶるような報告をしたんだ！」と、何年も経ってから白髪のその教授は大学者ヴィゴツキーの娘に伝記的な詳細は間違えながらも語りました。四十年経っても若きヴィゴツキーが行なった、その報告のことは忘れていなかったのです（文献1、一八ページ）。

でも、それだけではありませんでした。実は注意深い若き聴衆がもう一人いて、報告者が紙面を見ながらの発言を終了するまでずっと目をそらさず見つめていました。その若き聴衆は休憩時間に、自分の感想をヴィゴツキーに伝えようとして近寄りましたが、そこに置かれていたヴィゴツキーの用いた紙が目に入り、それが何も書かれていない白紙であることを見てとりました……この若者こそ後に世界的な心理学の大家となるアレクサンドル・ロマノヴィチ・ルリヤ（一九〇二－七七）なのですが、その当時は第一モスクワ大学（現モスクワ大学）の附属心理学研究所の学術協議会書記を務めていて、いま風に言えば、いくらかの管理的な手づるをもっていました。まさにこのルリヤこそ、自身のボスであったこの国の大「反応学者」K・N・コルニーロフ（一八九七－一九五七）に、まだ誰にも知られていない無名のその田舎者をモスクワに招くよう進言した人でした。

　ヴィゴツキーはこの提案を受け入れ、それから数か月後には、自分に従ってくれた新妻と共にモスクワのマホーヴァヤ通りにある心理学研究所の給仕用の地下住居に暮らしはじめ、そこが生活と研究の場所になりました（その当時はそれ以上いささかでもましな住居は提供することができませんでした）。形式的には、年下でありましたがすでに学問研究の分野で一定の知名度があった二十二歳のルリヤ主任の部下にヴィゴツキーはなりました（ベヒチェレフがルリヤの後押しをしていましたし、フロイトもルリヤと文通していました）。

　しかしたちまち主‐従は入れ替わりました。でもそれはヴィゴツキーの方が何歳か年上であったからだけではありません。そのルリヤにしても、またもう一人の彼の同僚で、後に負けず劣らず著名になるアレクセイ・ニコラエヴィチ・レオンチェフ（一九〇三‐七三）にしても、ヴィゴツキーに新鮮な思想の蓄えや、はるかに自分たちの先を行く思想の成熟を見出したからでした。まさにそうさせたのは地位とか責務とかではなく、この駆け出しの「下級者」つまり第二級研究職であったヴィゴツキーに天職としての知的リーダーシップがあったからですし、秀才の若者二人がそれに引き付けられたからに他ありません。こうして後には「八人組」として知られるグループの核となった有名な「三人組《トロイカ》」ができあがりました。「先生」と「教え子」の年齢差は、せいぜい三~四歳でしたが、それにもかかわらず当時も、やがて七十歳の長老になってからもルリヤとレオンチェフの二人はヴィゴツキーを下から上を見上げるように敬い、一方、師ヴィゴツキーは、たったの一度も二人を上から下に見ることはありませんでした。ヴィゴツキーの人柄からして、それはもとよりありえなかったのです。

原注(1)「児童学的な偏向」について。ああ、悲しいかな、これはまさに歪曲なのでしたが、それも心理学者だけが仲間外れにされただけではありませんでした。児童学における舞踏会を操ったのは彼らばかりではなく、無知な教育学者のグループだったのです。彼らはこの少数の人工的流派の中核を成していたのです。それは(新しい人間——すなわち〝共産主義の建設者〟の形成に向けられたねらいをもっていました)子どもの発達に関する科学のすべてのスペクトラムを一個の師団として集結することを呼び掛けたのです。何年も経ってからK・チュコフスキーは、一九二〇~三〇年代に、児童書の神話的でおとぎ話的な主題を組織的に追放しようとした杓子定規な児童学者の側から自分が受けた迫害について述べています。「プロレタリアの子どもたちを、しらふのレアリズムの精神の中で養育する義務がある」、それはこれらの狂信者たちが奉った気のめいるような信条でした。「彼らは子どもたちから、プーシキンの童話も、〝青い目の子ネコ〟も〝アリ・ババ〟も、〝シンデレラ〟も奪っただけでは済まず、さらに我々、作家たちにこの悪意のある愚劣な業務の共犯者となるよう要求したのです。」(チュコフスキー、一九五八年、一九九ページ)

第2章　田舎町が生んだ芸術心理学

ゴメリの男子ギムナジウム

さて田舎町ゴメリ初等教員養成学校の二十七歳の講師ヴィゴツキーは、いったいどのような知識を鞄に詰めて学都モスクワを征服しにやってきたのでしょうか。そして、どうしてたちどころにモスクワと肩を並べられるようになったのでしょうか。そのような年頃の人間にとってそれはかなり大変なことです。彼のトランクの中には一九一五年から一六年にかけて書いた手稿の論文『W・シェークスピアのデンマークの王子ハムレットについての悲劇』が入っていました（後にロシアの最も著名なシェークスピア学者A・アニクストは、その当時まだ公刊されていない二十歳のヴィゴツキーが書いたこの著作について、自分が知らなかったことを非常に悔やんでいました）。そしてその上には手書き原稿の本『教育心理学』と、中途で終わっている『芸術心理学』が入っていました。最初にあげた著作と最後にあげた作品との間には七年間の月日が過ぎています。この間のヴィゴツキーの思想は若きころから深く心を動かされていたことの根源と源泉に向かってたゆむことなく貫かれていたのでした。すなわちそれは人間にとって芸術作品が与える影響の謎に関する思想でした。A・N・レオンチェフの正しい指摘によれば、その思想はヴィゴツキーのペンの下では**芸術**の心理学から芸術の**心理学**へと移っていったのです（文献8、六ページ）。

地方に育ちながら優れた心理学者になることなどいったい可能でしょうか。それも教授陣に恵まれていたわけでもなく、実験基地があったわけでもなく、活発な研究交流もなかったのに。とにもかくにも二十世紀の最初の数十年間において、たとえ例外的であったにせよ、そのような心理学者が生まれることがありえたのです。ロシアではこの当時そのような専門家はいませんでしたし、また養成されてもいませんでした。それにこのようなテーマに関する出版物の九十パーセントは外国語からの翻訳物（主としてドイツ語の原著からの訳書）でした。ところでヴィゴツキーは、ほぼ幼児期からいくつかの言語を獲得していました。もちろんそれは何より家庭に負うところですが、実に八人もいた子どもの教育にはとりわけ大きな注意が払われていました。しかし、いくらありとあらゆる言語知識があったとしても、やはり賞金をあてるような成功やチャンスに恵まれなかったならば、彼は田舎の物知りとしての運命を大勢の者と分かち合っていたことでしょう。

　つまり、こういうことです。革命前のロシアでは、いわゆるパーセント・ノルマがあって、それによれば大学には三〜四パーセント以下のユダヤ人家庭出身者を受け入れることになっていました。その対象者は古典ギムナジウム校の卒業生で成績が最優秀の者に限られていましたが、実際には最終的に行なわれる大学入学試験は免除されていませんでした。十七歳のヴィゴツキーは、文字通りの意味でも、また比喩的な意味においても、幸福の切符を手に入れ一九一三年にモスクワ帝国大学の一年生になりました。

一九一三年のモスクワとは、どのようであったのでしょうか。それは大戦とそれに続く構造的・社会的な前進を目前にした平和な最後の年月でした。またそれは二度の革命の間にある一時的な平穏と休止の時期でした。ちょうど建築技師ニルンゼーの設計によって格安の賃貸料の、床面積の狭い住居が入った十階建ての「摩天楼」ができたばかりの年ですし、また「ヴォルホンカ通りの優美な芸術博物館」が建てられ、訪れる人々のためにようやく扉が開かれた年でもありました「現プーシキン美術館のこと＝訳者」。また一三年のモスクワとは音楽院大ホールで誰にでも手の届く「歴史的交響楽コンサート」が院長ワシーリー・サフォーノフによって開かれた年であり、ミウスカヤ広場のＡ・Ｌ・シァニャフスキー人民大学の学舎完成の年です。またさらにボリス・パステルナークの処女詩集が発行された年ですし、二十歳のマヤコフスキーが文学キャバレー「バラ色の街灯」で詩文的な叫び「さぁ、どうだ！」という題名の詩を中傷的に発表した年です。またテレショフスキーの「水曜日」であり、ニキーチンの「土曜日」の年でした。またさらに一九一三年のモスクワは、多種多様な文学的志向や学派が花咲き、あちこちで公開講義や討論会が熱っぽく湧いていた時でした。そして芸術演劇の新しい探究の時でもありました。その中にはゴルドン・クレーグとカチャーロフが主役を演じた『ハムレット』の上演も含まれています。文学界でも（ブーニン、シュメリヨフ、ブリューソフ）、絵画界でも（ネスチェーロフ、コロービン）、音楽界でも（タネェーエフ、ラフマニノフ、スクリャービン）きらめく星座が現れた時でした。一言で言えば、それぞれが同時に開花した「銀の時代」であり、地方都市ゴメリ出身の若者ヴィゴツキーは、ここモスクワにさほど悪いとも言えない時期に上京してきたのです。

それでもやはりこれら一連のことの中でシャニャフスキー大学は特別なものと言うべきでしょう。それがこの未来の偉大な学者の運命において特別な役割を果たしたとするならば、です。というのはヴィゴツキーが抽選によって入学することができた帝国（国立）大学ではユダヤ人である彼にとって人文領域は職に就く可能性が見えず、法律学か医学かの選択肢しかありえませんでした。そして彼は医学部に入学して一か月悩んだ末、法学部に転じました。

両親は満足でした。一族に高等教育まで受けられた者は誰もいませんでしたし、弁護士（帝政ロシアでの弁護士）と言えば、それは最も地位の高い職業でしたし何よりも大きなことはユダヤ人居住区以外のところでも弁護士としての仕事ができることでした。「法律家」であることだけが全く別の世界を引き寄せることになるのです。こうして法学部の課業と並行して、ヴィゴツキーはシャニャフスキー大学の講義にも出て、学業と同時に、新聞『新しい道』報の事務書記の仕事を兼職することになりました。

アルフォンス・シァニャフスキー将軍はロシアの教育におけるポーランド人活動家でしたが、臨終の夢想の中でこのやせた細面の若者を見ていたのでしょうか。この若者のために、本来的に彼のような若者のために、シァニャフスキーの落とし子であるその大学がこの世に誕生しました。一九〇五年十一月七日、自分の生涯最後の朝、彼はその歴史的な遺言に署名し、未来の大学の資金として自らの不動産をすべて寄附したのです。しかし、それがどうであったにせよ、ヴィゴツキーがモスクワに到着した時、シァニャフスキー大学はできて五年が経ったところでした（しかも一九一二年からはミウスカヤ広場に大学用のとりわけ高層の建物ができあがり、現在それは国立ロシア人文大学として精神的な遺産となっています）。この大学は「炊婦の子どもたち」や、その他の最下層民たちに知識への道を開いたのですが、役人の国家ロシアはその大学に向かって壁と有刺鉄線の複雑な仕組みを築いて立ちはだかったのです。

この大学では入学試験はありませんでした。また社会的な出自や宗教による制限もありませんでした。そして出席の義務もありませんでした。つまり各々が自分用に受講コースとゼミナールを選択していました。実のところ、この人民大学のステータスでは公認の学位というものは授与できなかったのですが、そのかわりこの大学の講師陣はロシアのあらゆる高等教育機関から、うらやましがられました。そしてそれはまた先導的な科学的インテリゲンツィア（知識階層）の引力の中心となった、この教育機関の最も注目された特色の一つでした。

物理学の課程はまさしくその最終章「ロシアの物理学」までＰ・Ｎ・レベージェフが行ない、生物学は分子生物学の創始者の一人Ｋ・Ａ・チミリャーゼフが担当し、そして教育学と心理学を指導したのはＰ・Ｐ・ブロンスキーでした。一九一一年の学生騒乱の時、反動的な権力行使を認めることを望まない一一一名の正職員であった教授と助教授をモスクワ大学は見捨てたのですが、そのうちの多くがシャニャフスキー大学の壁の内側に避難所を見出したことは偶然のことではありませんでした（文献15、七八―七九ページ）。

＊　＊　＊

心理学者として育っていく節目が記されている公式の調書に、ヴィゴツキーはこう記しています。「心理学に関する専門的な学習は大学からである。この時以降、この専門分野に関して研究を中断したことは一年もなかった。」（文献1、三九ページ）しかしそうは言っても、彼にとっての最初の地点になったのは別のことでした。自分の同僚たちの多くが心理科学にかかわるようになる時によく通るような道すじではなく、ヴィゴツキーが心理学に向かって歩むようになったのは文学、そして芸術からでした（Ｓ・Ａ・スミルノフが自著『教育的人間学構築の道で』の中で表現しているところによれば、ヴィゴツキーは心理学に「斜めに」近づいて行きました）。そしてこの方向における最初で同時に最後の終着駅は『ハムレット』についてのヴィゴツキーの学位論文ですが、それは著名な文学者Yu・アイヘンヴァリドの後押しによってシァニャフスキー大学の歴史・哲学学部で仕上げられた研究でした。

　しかし思想的に二つの要素から構成されているこの学位論文には、そのユニークな研究を称するにぴったりしたことばが見つかりません。またその一方、この学位取得者の年齢からは、まったく別の事が連想されます。Ｆ・ショパンは十九歳で最初のピアノ協奏曲を作曲しました。十七歳で『真夏の夜の夢』序曲を書いたのは、Ｆ・メンデルスゾーンでした。そして最後にあげるのは、わがロシアのＤ・ショスタコーヴィチですが、彼は十九歳の時に交響曲第一番の作曲者となりました。

　当時すでに『ハムレット』については多くのことが世界中の研究者によって述べられていました。この文学のエベレストについて若き文学者が今さら何か付け加えることなどあったのでしょうか。おそらく自分が入手可能だった原典のすべては精査し尽くしていたでしょう。実はシェークスピア学に関する著作を彼は三か国語で研究していました（『ハムレット』の原著は、ほとんど暗記するほど知り尽くしていました）が、しかしそれらの文献すべては括弧でくくられていたのです。さらに加えて、本のための本として編まれた評論集にヴィゴツキーは正真正銘、非常に面白い批評を載せていました。それなのに、そもそもの研究としては次に述べるようにもっぱら文章の分析に限定していました。つまり原本の成立経緯、由来、作家論、作品に与えられた影響といった科学的、歴史的な問題設定とは違った研究を彼は進めていました。すなわち、読み手自らの「あからさまに主観的なもの」、この悲劇作品の読者側の知覚を分離抽出し、それをもっぱら文章とのみ関連づけたのです。この自分のエチュードを著者は「読み手の批評」と呼びましたが、もちろんそれは最近の文学研究の最も中心的な思潮である構造言語学を先取りしようとしたわけではありませんでした。ついでながら構造言語学とは、作品の芸術的な特徴をその作品の唯一の客観的なデータつまり著者の文章に帰着させようとする考え方です。

　でもまあヴィゴツキーについてどうかと言えば、何を書いたのかに負けず劣らず重要なのは、**どのように**彼が書いたのか、です。ではいったいこの「学位論文」がどのような序文から始まっているのか見てみましょう。

日々の、つながっている時間には光り輝く時間と暗やみの時間の絶えざる鎖の中に、非常にぼんやりとしていて、はっきりと定め難くそして捉えにくい、夜と昼との境界がある。夜明けそのものの前に、朝になったのだがなおまだ夜である時があるのだ。この、夜から昼への不思議な移ろいほど、神秘的で、不可解で、謎めいていて、ぼんやりしたものは他にないだろう。朝はやってきた、だがまだ夜である。すなわち、まるで氾濫していた夜の世界に朝が浸透していくようであり、朝が夜の中を泳いでいくようである。この時間、おそらくそれはごくわずかの何秒間だけのことであろうが、この時以外あらゆるもの、すべての人間と事物は、二つの違った存在あるいは二分された実在、夜のものと昼のもの、朝にあるものと晩にあるもの、とに分かれている。しかし、この時にはすべては、はっきりしないものとなり、まるで沼や崩れかけた崖のように思えてくる。〈中略〉それは時を拒否し、その怪しげな覆いを切り裂こうとする時である。またそれは夜の深淵が明るみにさらけ出される時である。その上に昼の世界が昇るのだ。時——それは昼と夜。

（文献3、三六ページ）

さらにもう一つ音楽的な連想を加えてみましょう。このような序文のはじまりは、このエッセイ全体に唯一無二のトーンを付与しているのです。つまりそれは、この悲劇の「夜」の側と「昼」の側が常に共鳴しあい互いに呼び合っていて、このエッセイの軸となっている深い意味の感覚を行き渡らせているのです。ただし著者自身が、そのことをひっきりなしに強調しているように、ことばによっては、その意味が表現されず「この悲劇の沈黙の中で」のみ理解されるのです。「昼の側」は、話の筋、陰謀、舞台上の立ち位置です。それは登場人物の相互関係とセリフ《レプリカ》渡しであり、言い換えるならばシェークスピアのすぐ後についてくるもののすべては「言葉、言葉、言葉」としてコード化することができます。「夜の側」は、この悲劇の中で広がっていく、あいまいで、不確定なものであり、それが読者の精神を満たしますが、けれどもそれがようやく理解できるのはおそらく、この悲劇の「言葉、言葉、言葉」の下でハムレットの最後のセリフ「残ったのは、沈黙だ」を置いた時なのです。

＊　＊　＊

一九一六年には『ハムレット』についての論文の、二度めの、そして最後の改訂版が出されました。一九一七年はヴィゴツキーがモスクワ大学を卒業した年であり、同時に「銀の時代」が終わる年でした。崩壊と打破の時、さめた唯物論の勝利の年、そして二つの世界への分割に圧力をかけた病んだ英雄が現れるまではまるで何事もなかったかのような年でした。そして、この二十歳の法学生は、この無法の時代に法学部の講義を受けることに意味ある根拠を見つけることができず、モスクワを後にしてゴメリの家族のもとに帰りました。そこには病気の母親と幼い兄弟たちがヴィゴツキーの支援と同居をとりわけ必要としていたのです。

　しかし実のところ実家に帰ったことは正解でした。なぜならば政治的な熱情で沸き立っている百万都市は知的な成長や精神的な探求にとっては最良の場所ではなくなったからです。まさに詩人が言ったように「片田舎の方がリラの音はよく響く*」のでした。しかし望むらくは、もう一つの事情についても指摘しておきましょう。もし仮に二大都市において勝利したイデオロギーの種子が反権力の非情な戦いに転じてしまったならば、かつ社会的、政治的な狭量さによって至るところが覆われてしまったとしたら、思慮のある片田舎の方がマルクス主義のもう一つの社会的な面、その哲学的で創造的な建設者としての側面の影響をより敏感に受け取ることができたのではないでしょうか。

＊［訳注］この一節は『エウゲーニー・オネーギン』の第一章中に登場する。したがって詩人とはプーシキンのことである。池田健太郎訳によれば……「僻陬《へきすう》の地にあってこそ、竪琴の音《ね》はいよいよ冴え、創造の夢は一そう生気を帯びるのだ。」……と続く（岩波文庫『オネーギン』一九七六、一一五ページ）

でも実は侵略（ドイツによる占領）も内戦も、ゴメリ市や当時ヴィゴヅキー家＊（家族の者はそう姓を綴っている）が移り住むところどこでも避けることができませんでしたし、一言二言では言い尽くせない苦労がありました。飢餓、貧困、母の結核、中の弟のチフス死。そして家族にとって最悪だったのは、みんなから可愛がられていた十三歳になる末の弟までもが、やはり結核に見舞われ、それも進行の早い型であったことでした。

＊［訳注］ヴィゴツキーは、若い頃より姓を**Выготский**と綴るようになったが、娘ギータは後に、元のように**Выгодский**という綴りに戻した。事実上、発音の違いはないが、綴りの違いを表すため、本書では、前者をヴィゴツキー、後者をヴィゴヅキーと記す。なお現代では、後者の綴り表記が一般的である。

その男の子を治療したいという居ても立ってもいられないという望みから保養地クリミヤ

に連れて行こうとしたこともありました。でもこの当時、分別のある住民たちは自分たちの「家庭要塞」の四面の壁に身を潜めて暮らしていました。レフ・セミョーノヴィチ・ヴィゴツキーと二人の病人つまり母と末の弟は、危険がいっぱいで騒乱と戦争に巻き込まれたウクライナ内には入ることができました。でも、ああ何ということでしょう。キエフ市でその男の子は状態がひどく悪化してしまい、もうだめだろうということが大人にはわかりました。戻らなければなりませんでした。長いこと苦しみながらようやく一年かかって母親がよくなるまで、死にゆく弟のベッドのそばで過ごしたのは長男のヴィゴツキーでしたし、家事に関する大変な日毎の仕事をすべて彼が引き受けていたのでした。

でもこうしているうちに最も恐ろしい事態は去って行きました。県にはソビエト政権が確立しましたし、正常な生活への復興に向けて専門家が求められるようになりました。学校の教師もその一部でした。二十二歳のヴィゴツキーもその一人としてこの要請に応えることになりました。彼は開校されて間もないゴメリ第一労働学校にロシア文学を教えに行きました。まさにこの時シァニャフスキー大学で習得していた資格が役に立ちました。でもたった一科目、たった一校だけでした。ヴィゴツキーの疲れ知らずの天性にとってそれは少なすぎと言うべきでしょうか。その実ヴィゴツキーは、さらに心理学についても十分担当できるだろうと自分で考えて、初等教育教員養成学校や教員向けの講習課程で一般心理学、児童心理学それに教育心理学を受けもつことにしました。

それでもまだ少なすぎでした。まるで立ち上がった子馬のように彼は新しいソビエトの文化のために闘志を燃やし、学校や中等専門学校と同時に、印刷工や金属工の職業訓練校でも、そしてさまざまな時期にかけて人民音楽院（そこでは美学と芸術史を講義しました）でも、さらには社会教育課の就学前指導者養成課程でも仕事をしました。このような「同時並行式」の兼職兼業は、ことさら経済的な理由からだったのでしょう。その上ヴィゴツキーは（これも自分から買って出たのでしょうが）ゴメリ市国民教育部の演劇部局の主監も委任され、さらにまた一九二一年からは県政治局評議会の芸術課の長を任されています。

でもゴメリには独立した劇団はまだなかったので、この若き文化責任者は町から町へと、ヤミ屋でぎゅうぎゅう詰めの、暖房は入っていない列車に乗り込んで移動し、わが「僻地」に中央の、すばらしい才能ある俳優や演劇集団をそっくり呼び込もうと奮闘しました。キエフ、ハリコフ、モスクワ、ペトログラード、サラトフ、これらの都市は彼の出張先として確認できる一部です。ところで地方出版物である『広野の真実』、『わが月曜日に』では、興行について彼が書いた批評や評論がみずみずしい連載記事となっています。七十編を超える詳しい批評が二年余りのうちに書かれているのです。何という言語能力でしょう。

次にあげるのはヴィゴツキーが定期担当した新聞コラム『批評未満』の一節です。「観衆と舞台とのあいだに〝批評の空中の橋〟を掛けることを私はいつも束の間の素早いストロークでしたいと思っている。〈中略〉電気は『雷の起きる所にあるだけでなく』二十五個の電灯の所にもあるし、それと同じように、偉大な創作がある所だけではなく、十六本のろうそくしかない田舎の舞台にも詩や芸術はある。小さな詩にも、私たちの町の舞台の小さな芸術にも、はかなく小さな忘れられてしまうものにも、誰もがかけるのを忘れていたことばを私から投げかけるのだ。」（文献1、二四二ページ）

しかし、これはヴィゴツキーが耕した文化の畑のほんの一部にすぎません。察するに、このころ初めて自分が求められていることを本格的に実感したのでしょう。彼の前には未だ自らも知らなかった自分の力量や能力のために広い原野が初めて現れ、以前には疑うこともなかったその非凡な日常にあって、新しい生活に積極的に関与していこうという熱いその高まりに頭からすっぽりくるまれていったのです。『生きることを急ぎ、知ることにひた走る……』* 実際ゴメリ市のヴィゴツキーの職歴の写しからは、ほとんど何も知ることができません。ここに記載されているのは「ゴメリ印刷局」の出版課の管理者（一九二二－二三）、それに出版社『ゴメリの労働者』の文学編集責任者（一九二三－二四）だけです。出版博物館（事実上の図書館閲覧室）の立ち上げ、および文学－演劇雑誌『ヴェレスク』の出版（数号は発行することができました）。そしてさらに労働者連盟会館における文学の『月曜日』ではシェークスピア、トルストイ、コロレンコ、マヤコフスキーについて講義し、さらに付け加えるならばアインシュタインについても彼の相対性理論など数多くの講義をしました（あげればきりがありません）。

＊〔訳注〕プーシキンの『エウゲーニー・オネーギン』第一章のエピグラフ。前述の池田健太郎訳では、風刺的に『世渡りも大あわて、恋の道も大急ぎ。――公爵ヴャーセムスキイ』と訳されている（岩波文庫『オネーギン』、八ページ）。

ゴメリでのヴィゴツキーの仕事については、これですでに十分ですが、これよりも二、三年前から故郷ゴメリに休暇で帰省した時、『ハムレットの悲劇』について彼は自分の大好きな主人公たちに没頭しながら、がむしゃらにその第一改訂稿を書いていました。それがゴメリのヴィゴツキーだったのではないでしょうか。また、文学、心理学、哲学の三つの言語で出されている世に注目されたあらゆるものを追いかけるのをやめ、「仕事を続けながら」自分の著作『教育心理学』を書きあげ、『芸術心理学』に取り掛かったその人こそゴメリ時代のヴィゴツキーではなかったでしょうか。実にこれらの著作はどれも（特に後者は）巨大な案内装置を備えていて何十人もの研究者の著作から引用がなされています。これらの出典を整理するだけでも通常の人にとっては何か月も要し、完成させるには真剣そのものの何年間もの研究室作業を要するものです。

今の私たちと言えば、洗練された文体の美しさや革新性のある内容の深まりについて掘り下げてみることもせず、ただ両手で分厚い『芸術心理学』の本を持っているだけだったりしています。今日の研究者たちが、このような巨大なものを精査するためには、普通ならば研究休暇をとることになるでしょう。こもりきりとなり、加えて一年も二年もの間、家族や自分の急ぎのことも急ぎでないこともすべて脇において、書いて書いて書きまくり、閲覧ホールや家で遅くまで腰かけ続け、夜中にもパソコンに向かわなければならないことになります。その後で機会をうかがって公正な労働から離れ、ヴァルダイ地方や紅海に行って長期休暇を過ごすといったところでしょう。

＊　＊　＊

いったいいつの間に、これらすべてのことをヴィゴツキーはやり遂げたのでしょう。そして彼の「フリーサイズ」の昼夜は何時間だったのでしょう。要するにこのような、むさぼるように、熱病にでもとりつかれたように、不明確なものを明確にしようとする志向をヴィゴツキーにもたらしたのは何だったのでしょうか。この問題に回答を出した者はまだ誰もいません。彼は日記をつけていませんでしたし、当時の文通の記録も知られていません。たぶん、十中八九それも存在していないのでしょう。そもそもいったい誰と手紙を交わすことがあったでしょう。仮に当時、首都にいた学者たちの中にヴィゴツキーのような心理学研究者がいなかったとするならばですが。一方このテーマについての秘めた思想を誰か他の人と分かち合う機会が、このゴメリの街にあったのかといえば、それもなかったでしょう。なぜならば、この分野についてたとえほんのわずかでも通じている者は、この時期この街には誰もいなかったでしょうから。

ヴィゴツキーの公務職歴メモには次のように書かれています。「大学を卒業した一九一七年に研究活動に従事しはじめた。初等教育教員養成学校に心理学研究室を開設し、そこで研究を行なった。」こうして私たちは、どうにかこうにかヴィゴツキーの活動の外面について知ることができますし、また著者は、この研究室の活動について説明を聞いたとする教員会議の議事録も知っています。でもヴィゴツキーの思考が人間精神の本性を自分なりに解決する道を見つけようとたった一人でさまよっていた、たとえようもない疑問、迷宮、袋小路については何も知られていないままなのです。でも唯一、多少とも信頼性のあることとして確認できることがあります。それは当時わが国中で体感しつつあった第二のマルクス主義の誕生がヴィゴツキーにも催眠術的な影響を与えていたことであり、この若き学者はマルクス主義の方法論がもっていた透明な首尾一貫性の脇を、知らん顔をして素通りすることができなかったということです。

よくはわからないのですがマルクス主義はもう何年か前に成功を成しえていたとも考えられますし、そうであったら良かったということも大いにありえます。でも、そうであったわけではなく、それは当時まだ甘い毒がその本性の中にしみ込んでいた生な学説で、一方ではその強力な道具一式を武器とし、また他方では「正しい社会の建設と調和のとれた将来の人間」という夢に感染していたのでした。そしてマルクス主義の、その後の科学的な志向は、そのような夢ともすでに不可分となり、また人間が何千年にもわたる内的な網や鉄鎖からの解放を手に入れる助けとなるような心理学的な鍵や合鍵の探究とも不可分のものになりました。ことばを換えて言えば、自分自身である「私」の専制君主となることでした。しかも、そのようなことは、この驚くべき残酷で崇高な時代の、逆説と危機であったのですし、もちろんのことヴィゴツキーもまたその時代の息子でないはずがなかったのです。

この第二期のゴメリ時代（一九一七年から一九二四年まで）は、ヴィゴツキーの伝記にとっては何というか最も暗い部分なのですが、そうは言っても彼が学者として育つ鍵となっている時期でもあるのです。というのは彼の沸き立つように見える仕事ぶりに被われていて、隠れて見えないところでヴィゴツキーの知見は沈殿し結晶化したのだし、自分なりの立場が形成されたのです。当時の世界の心理学が直面していた深刻な危機がそれを困難なものにしたのでしたが。しかも自分と同時代に存在していた概念のどれ一つをとっても、多くの点で満足できるものはなく、ヴィゴツキーは自分だけの独自の道を行くことに決めたのでした。

三年後モスクワで自身の結核の症状が重くなったため、病院のベッドで寝たきりになった時、彼はこのテーマについて百五十枚を超える概説『心理学的危機の歴史的意味』を書きました（彼の書いた多くの著作と同様、手書き稿が残されています）。そこでは当時のさまざまな学派や流派に存在していた多種多様な考え方を、人間の心理に対するアプローチの両極性という特徴から、次の二つの立場に帰着させようと試みています。一つは、人間心理を反射とか刺激・反応という概念に帰結させる自然科学的で「説明的」ではあるけれど、本質から言えば、神秘的な精神を表現するようなものすべてを括弧内に入れてしまった立場（反射学、反応学、アメリカ行動主義）。そしてもう一つは、その秘密を観察し、書き留めてはいますが、物質的、物体的な人間の道具と切り離してしまい、自己という実体に対して実験的な光が届いていない、記述的、現象的な立場です。

しかしヴィゴツキーにとっては、いずれの流派とも誤ったものであり、それぞれ袋小路に入り込んでしまっているものでした。そしてこの研究者はこれら二つの心理学のうちどちらか一方を選ぶこともしなかったし、人馬が一体となったようなケンタウロスを粘土で作りだすこともせず（つまり一方のシステムの尾をとって他方のシステムの頭につけて、その合間には第三のシステムからもってきたものを挟み込むということはせずに）、未来の新しい心理科学の創造に向かって研究をし、心理機能を説明しようとするよりはむしろ理解し獲得しようと努め、「人格についての真実と人格そのものを獲得する」ことを呼びかけました。さらに彼は次のようにことばを加えています。「われわれは今、それにつながる糸口を手に入れた。」（文献2、三三六－四三六ページ）説明をしておかねばなりませんね。つまりこの「糸口」こそが彼にとっては、労働的、事物・実際的な活動の歴史的な産物としての人間、という考え方をもっていたマルクス主義のことなのです。労働的、事物・実際的な活動の歴史的産物は、活動の過程でそれ自体としても、またすべてのその人間化された環境としても形成され、形成していくのです。

しかし、こう考えてはならないでしょう。あたかもこのような高度な物質の世界にのみヴィゴツキーの思想が住んでいたのだとか、そのような所においてのみ彼は自分用にふさわしい食物を見つけることができたのだと。そう、彼にもたぶんそのような時期はありましたが、でももうそれは、とっくに終えていました。つまりそれは、若い学生たちとともにいた時期、シァニャフスキー大学で講義があった時期、『ハムレットの悲劇』のために夜を明かした時期のことだったのです。周囲のすべては津々たる興味と戸惑いのうちに一変し、まるで天地がひっくりかえったようになりました。彼自身も「一般的な法則に従順な人」に変わりました。しかし重要なことは、彼の人生に、教室内と廊下に子どもたちの声が響き渡る学校が入り込んできたことです。こう考えるとよいでしょう。ヴィゴツキーは文学研究から出発して心理学に至った、それはある程度そう言えるでしょう。でも彼の運命において大きな役割を果たしたのは五年間の教職の時期でもあったのです。ところで、物事を良く考える教師であるならば、誰もが心理学者でもあるでしょう。

しかしそれでも真に素養のある心理学者は少なかったし、来る日も来る日も一人ひとりの子どもの脳内で行なわれている偉大な創造活動を感じ取ろうとして、果てることなく子どもたちを愛することもしなければなりませんでした。思うに、この愛こそが文学者ヴィゴツキーを新しい生活の軌道に導いたのでしょう。

第3章　自らの闘病と障害児教育改革

一九二四年、教育人民委員部職員採用時の個人調書に記入する時、「自身はどの部署で活用されるのが最もふさわしいと考えるか」という問いの欄に、ヴィゴツキーは『盲ろうあ児の教育』と回答しています（文献1、七六ページ）。今もってヴィゴツキーの謎のひとつであるのは、モスクワに上京する前、いつ、どこで、そのような専門職の経験を積んだのだろうか、ということです。そして実際に彼のモスクワでの最初の丸一年は、まさにこの分野の活動に当てられていました。すでに七月十五日には（彼が春以降モスクワに着いたのは、ほぼ間違いありません）、ЭДИ《エディ》（実験欠陥学研究所）の所長I・ダニュシェフスキーの推薦でヴィゴツキーは「子どもの社会教育と総合技術教育管理総局」（教育人民委員部の組織には、こんなわかりにくい名称の管理局（一九二一－二三）がありました）の異常児部部長に任命されました。それから直ちにヴィゴツキーはСПОН《エスペーオーエヌ》［ロシア語では、「未成年者の社会的、権利的保護」の意＝訳者］に関する第二回大会の準備に加わることになりました。彼はこの大会用に特別に用意された論文集「盲児、ろうあ児、および知的障害児の養育の諸問題」を編集し、それに掲載される論文の一つを書き、大会においては基調報告者の一人となりました。

ようやく実現したばかりの自分の夢、つまり研究と著作に身をすっかり委ねることを妨げたのはいったい何だったのでしょうか。実験や科学的論争、それに当時一九二四年の秋から彼が受け持っていた四～五か所の高等教育機関やモスクワ大学での講義課程（「ゴメリ症候群」とでも言うべき仕事ぶり）に没頭することを妨げたのは何でしょうか。実は彼には、書きなぐったままで書き直しが必要なのに、そのためには時間と慎重な注意と長期間の作業を必要とする未完成の大部な論文原稿が二つもあり、ずっと気になっていたのでした。でも恐らくロシア・インテリゲンツィアの社会的情熱と、そしてきっと、張りつめていた良心とが、アカデミックな科学という柵の背後に逃げていることを自らに許さなかったのでしょう。当時ヴィゴツキーは、戦争の歳月や革命直後の崩壊の歳月に放り出され傷つけられた何百万人もの孤児たち（苦しんでいる一人の子の涙は、果てしなきロシア全土では川となってしまう）が、自分の理念や自分の知識を必要としていることをよく理解していましたし、今ここで大勢の子どもたちにとって有益なことは何であるかを自覚していたのでした。

　でも実のところ、このような子どもたちのために心理学者がいったい何をすることができたでしょうか。とりわけ幼い幸薄き社会的弱者のために。そしてヴィゴツキーは専門家としてどのような支援をしたのでしょう。色彩や音を失った、蓄えの少ない世界にどうやって光彩を与えるのでしょうか。ろうあ児にアルファベットを教えることでしょうか。指先で点字を読めるようにすることでしょうか。初歩的な日常の習慣や、労働の習慣の類を教えることとでしょうか。もっともこのような諸問題は、すでに当時レトリックとなっていました。というのは、ヴィゴツキーがモスクワに移ってきた時期、ソビエトには著名な欠陥学の実践家の一群ができていたのです。そのうちの何人かの名を挙げるならば、イヴァン・サカリャンスキー（一八八九－一九六〇）は、盲ろうの子どもたちを教育する専門家でしたし、その教え子の盲ろうの女性オリガ・スコロホードワ（一九一一－八二）とともに、当時国外でも知られる存在でした。さて、その大会に集った「古い堅物たち」の前で、まだ誰にも名前の知られていないこの報告者は、控え目な立ち居振る舞いと時々顔を上げながら不意に見せる微笑で人々を引きつけながら何かを伝えようとしていました。

　出席していた代表委員の一人は、後に次のように回想しています。「L・S・ヴィゴツキーの報告は初め、かなり訝しげに受け取られていて、大半の人々は周囲をうかがいながら、時折肩をすくめては憤慨し、当惑を隠さなかった。〈中略〉しかしレフ・セミョーノヴィチ先生［ヴィゴツキーのこと＝訳者］の奥深さのある確信、魅力的な声、真なる教養と博識が随所に示されていた。すべての人々は次第に、自分たちの前にいる人物が、無責任な、血の気の多い若者などではなく、欠陥学の指導者に足る偉大な知性の持ち主であることを理解しはじめた。〈中略〉一九二四年のこの大会を終えて出てきた他の参加者たちは、前回の時とは違っていた。彼らはまったく別人のように蘇って今回の大会から戻ってきた。」（文献1、七九－八〇ページ）

それにしても、この時ヴィゴツキーはいったいどのようにして、目の前にいる老練の聴衆を虜にしたのでしょうか。すべてそれは、身体的障害や知的障害に対する従来とは違った、聴衆には思いもよらなかった考え方がもたらしたものでした。彼は聴いている人々に自分の考えを提示したのであり、後にはそれを展開し、さらにそれに続いて刊行物を通して裏付けをしました。今日その時の発言内容の一部はヴィゴツキー選集の第五巻にありますが、その当時つまり一九二〇年代末には、選集のどの巻もあるはずはなく、ヴィゴツキーの著作であったものといえば会報・報告書、大小の論文記事といったもので、それらが印刷されているのは『文盲の運命』のような一般冊子の類、あるいは専門誌、学術参考書で、著者が自分でつけた次のような題名のものです。『困難児の発達』、『盲ろうあ児の養育』、『知的遅滞児』、等。赤い糸となって、このそれぞれを結びつけているのは次のような思想です。障害は判決ではないこと、そして重要なことはその自然的な結果ではなく、その社会的な結果であること、そしてさらに運命を退けることができないでいる子どもは、自分が手にすることのできたあらゆる方法を用いて、自らのうちにある可能性の富を実現化しようと他の誰よりも、もがいているのであるという思想です。

確かに、この当時ソビエトには有名な欠陥学の実践家は少なくはありませんでした。しかし彼らの仕事を導く理論と言えば……それはかなり劣悪な理論であったと言わざるをえません。その例を挙げてみましょう。ヴィゴツキーが引用しているのはA・N・グラボロフ（一八八五－一九四九）の著『補助学校』（一九二五）に書かれている知的遅滞児のための「静粛の授業」の方法で、それは次のようなものです。「第一課…一、二、三、と数唱していくことによって、完璧な静粛が確立される。教師が机をコツコツと叩くことが終わりの合図となる。十秒まで叩くことを三、四回くり返す。それから十五秒、二十秒、三十秒と叩き続ける時間を長くする。うまくできなかった（横を向いたり、話をしたりした）ときは、個別指導をする。すなわち黒板の前に来させ、チョークを取らせ、机上に置かせる。そして席に着かせ、静粛にさせる。」また別の『精神整形学』と呼ばれていた授業では「できる限り長く決められた状態を保つ。」という練習もある。すなわち「各児童は、薄めのハードカバーの本か、適度な大きさの板を水平に保つように持つ。その平面上に円錐形の小物か、もっとよいのは堅めの木材から削り出した長さ十～十二センチ・直径一～一・五センチの棒を立てる。

ちょっとでも動くと棒は倒れてしまう。第一の練習。子どもは両足を閉じて立つ。（かかとはくっつけ、つま先は開く）そして両手で板を支持する。もう一人の生徒が棒を立てる（「写真でも撮ったらいい！」とヴィゴツキーは括弧でメモを記入しています）。〈中略〉第四の練習。同一の練習をつま先をくっつけた状態で行なう。両足をそろえて。」……当時の授業論とは、以上のような具合です。もうこれだけで十分でしょう。

このような教育観から生まれるつまらない成果をヴィゴツキーがどんなに嫌悪したかは語るまでもないでしょう（とはいえ、彼らしい気配りからグラボロフを「新鮮である」とか、「この分野で我々が持ち合わせているもののすべての中で最も先進的だ」とさえ賞賛しています）。「…速度をあげながら点を打っていく、水の入った容器を移す、ビーズに糸を通す、輪を投げる、ビーズを分類する、製図的に文字を書かせる、表を比較する、表情豊かなポーズをする、匂いを学ぶ、匂いの強さを比べる、これらすべてのことが誰の教育になるというのか。知的遅滞の人々にとっては、生活の歯車にかみ合っていない行動や精神や人格のメカニズムでばらばらになるというより、むしろ正常児の中から知的障害児をつくりだしてしまうのではないか」（同書）。

正義のために本当のことは言っておかなければなりません。わがロシアの教育学者たちは、ドイツ欠陥学に囚われた状態下にあったので、その几帳面なドイツの同僚たちと同様、遠い回り道をするということはありませんでした。たとえば有名なI・ファッテルの、ろうあ児のための学園では「難しい音を習得させるために、生徒の歯を抜き、手から血を拭きとるとすぐに別の生徒に取り掛かっていくか、あるいは別の、次の音を出させることに取り掛かった。」しかし、ああ、ありがたきかな、旧習はここでも長く続きませんでした。時々は体裁のよい、善良な形が採用されましたが、結局のところ旧習は子どもの運命を台無しにしたため、方向転換していきました。

　ヴァシーリー・コロレンコ（一八五三－一九二一）の『盲音楽師』〔中村融《とおる》訳『盲音楽師』岩波文庫一九八七復刊がある〕をお読みになった方は理解してくださるでしょう。もし他の子に比べて何十倍もの過剰な配慮をもって大人たちがその盲の子どもを守ったりすれば、次第にその子は家庭内の暴君になってしまうのです。そしてなぜか、この作家は盲人の内的世界を伝えようとして真実を無視しているかもしれないが、この悲劇の社会的な根本の在りかは彼によってまったく正しく突き止められています。そしてもしオーストリア人との戦いにおいて不具となった『ガルバルディ党の召集兵』たる老兵のマキシム叔父さんが兵士としての気持ちから、この眠ったままのような、がんじがらめの状態の危険性をすっかり理解できなかったとしたら、幼いペトルーシャを待っていたのは、彼の何百人もの不幸の友がたどったのと同じような悲しい運命だったでしょう。

そう、障害のある子どもは、そうでない子どもの何倍もの世話と配慮に囲まれるか、さもなくば家ではじゃま者や足手まといにされるかもしれません。いずれにせよ、その子は社会的に不完全な立場に追い込まれます（これをヴィゴツキーは『社会的脱臼』と呼びました）。正常で健康な子どもたちは概してそのようなことを知りません。そしてさらに、まさにこの社会的な不完全さは、それ自体は障害ではないのですが、専門家たちの意見では、このような子どもたちには自覚されず、あるのは実際の生活上の苦難であり、その子どもは自分の身内の人々とともにそれをかかえながら、同情心からくる疎外感という壁によって他の世界から孤立してしまうのです。ヴィゴツキーは盲人Ａ・Ｍ・シシェルビーナの次のことばを引用しています。「嘆きやため息は、盲人の生活すべての成り行きにおいて、その人の道づれとなる。こうして、ゆっくりと、だが確実に、甚大な破壊活動が行なわれていく。」（文献２）

ところで事実、器質的な障害はその人個人の心理的身体にとっては損害であるだけではないし、また深刻な損傷であるだけではなく、その個人が創造的に自己発達するための強力な刺激でもあるのです。実際に健常な子どもたちは何ということもなくごく簡単に計算を解くのに、知的に遅れている子どもたちには、より創造的で工夫に富んだ手順が必要です。というのは通常の論理的な道具は、この子どもたちにとって歯が立たないのが普通だからです。盲、ろう、およびその他の脳障害の場合についても同じことが言えます。言語障害のデモスファン、吃音があったデムーラン、ろうのベートーヴェン、生まれつき虚弱だったスヴォーロフ、アメリカで国際的なヒロインに育ったヘレン・ケラー（彼女の驚くべき運命については、モスクワの劇場でも上演され、作品化されています）、これらのすべての事例は傑出した例外的な人々などではなくて、逆に、全く通例のことであり、障害ゆえにその個人に生じた、劣等感に対抗する人格発達の大きな原動力を示すまさに典型例なのです。

ここでヴィゴツキーは次のように付け加えています。「教育者にとっては、何と開放的な真実なのだろうか。盲人は失った機能の上に、ある課題、つまり視力の代理をする、という課題をもった心理的な上部構造を発達させる。ろう者は、あらゆる手段を用いて、唖から生じる孤立や分離を克服しようとするための方法を作り上げる。今までわれわれは、このような心理的な力を考慮せずに、いたずらに過ごしてきた。これは健康でありたい、社会的に完全でありたいとする意志であり、このような子どもたちには盛んに湧き出ている。〈中略〉われわれは障害が心理学的な貧しさであるだけでなく、富の源泉であり、弱さだけではなく

強さの源泉でもある、ということを知らずにいた。」（文献2）

ヴィゴツキーが実験欠陥学研究所［現在の国立治療教育研究所＝訳者］で、定期的に行なっていた臨床検討会の、ある時の回想が残っています。そこにはモスクワの教育関係者の半分近くが集まっていました。ヴィゴツキーに紹介されたのは、ある地方の県から連れられてきた子どもでした。村中の者はみな、この少年が知能の低い子どもと見なしていましたが、ただ身内の祖父だけは、村を挙げてのそのような判断を頑として認めようとしませんでした。やがて、祖父が正しいことが明らかになりました。その孫には難聴があって、低知能状態は二次的なもので、実は見せかけの姿であったのです。その老人はヴィゴツキーに歩み寄り、深く頭をたれてこう言ったということです。「あんた、ありがとよ、主任さん。わしの孫のこと、わかってくれてありがとよ。あんた、わしみてぃな年寄りの話もちゃんと聞いてくれよった。わしはあっちこっち行ったけど、ええ人たちに会ったんは、ここだけだで。」（文献1、一五八－一五九ページ）

ああ、たとえ三年でもいいから、もっと以前にこのおじいさんがこの専門家たちのところに来ていたのなら、このお孫さんは今はどうということもなく、たぶん同年齢の子どもたちと何ら変わらずに生活していたことでしょう。なぜならば生まれた時から全く健常な精神機能があって、難聴がもとで自らの文化的発達の道をうまく進めなかっただけだったのですから。言いかえれば、この欠陥学の専門家が呼んだところの児童期幼稚症状（プリミティヴィズム）だったのです。

しかし同じ仮面をつけたものを見分けることは、時に非常に困難なこともあります。たとえば、推論の被暗示性や推論の間違いと、不合理な理解とは、状態の進行という点で全く異なる二つの状態です。ともに幼稚症的な状態ではありますが、生物学的な視点からすれば一方は健常な精神機能の場合、他方は先天性の低知能の場合です。ですから、このような心理学的な判じ絵を解くためには真実、ずば抜けた分析者でなければなりません。そして実のところ正しい判断ができるかどうかに、その後のいろいろな教育戦略や、つまるところその子どもの運命さえもがかかっているのです。

＊　＊　＊

そうです。ヴィゴツキーは危うかった欠陥学に「大きな《ボリショイ》」根本的な心理学で乗り入れたのです。でも最初のうち、ねじ曲げているすべての重しと、欠陥がもたらすすべての動員力を、心理的症状ばかりでなく身体的症状においても、彼自身が味わわなければなりませんでした。つまり二回めの結核の攻撃に見舞われたのです（一回めは、まだゴメリにいるころ、弟から感染しました）。まるでこの家族全員につきまとう運命の病なのでしょうか、この時は危うく彼を墓場に連れていくところでした。やっとのことで彼は回復し、一九二五年の夏にはロンドンで行なわれた、ろうあ児の教育に関する国際会議に出席することができました。そこではソビエトの欠陥学の学派の存在をアピールし、その会議を終えるとパリとベルリンに行き、ベルリンではドイツの同僚クルト・レヴィンと会います。ヴィゴツキーにとっては知識としてずっと前から熟知し、身近でもあったヨーロッパへの最初で最後の訪問でした。自分が著した書物によってしか再びここを訪れることができないことを運命づけられていたのです。それから彼は、やっと『芸術心理学』の仕事を仕上げ『レンギス』の手稿（理由はよくわからないですが、今日までなぜか出版されていません）を書きあげることができましたし、同じテーマで博士候補論文を提出する準備をしていました。しかし、それがせいいっぱいだったのです。もう少し、このヴィゴツキーの伝記のページを使って彼の病気のことについて述べましょう。十一月から五月までの七か月もの長い間、彼は病院の結核病棟の四面の壁に囲まれて過ごすことになります。喀血、体温表、毎朝行なわれる医師の回診、そして夜中続いた隣の患者が苦しむ咳また咳、について書かずにはいかないでしょう。

病院での長い冬の夜はどうやって時を過ごしたのでしょう。本を読んだり、ラジオを聴いたり、それに加えて病室の隣人との終わることのないむだ話でしょう（テレビや半導体を用いたラジカセなど当時は全くありませんでした）。しかし何と、ヴィゴツキーは研究をし続けていました。それには一番ふさわしくない条件の中にもかかわらず、（「大部屋では重症患者が六人ずつで、騒いだり、わめいたり、だが小机さえなく、おまけに隣のベッドとの間仕切りもなく、まるで兵舎のようだった」〔文献1、二〇〇ページ〕、ヴィゴツキーはすでに前述の『心理学的危機の歴史的意味』を書きました。これは心理科学の現代的状況について前々からヴィゴツキーが構想していた概観であり、専門書の山を眺め直したものでした。

慣れっこになった看護を振りすててまでも、ありふれた病人としての生活をすることをよしとしなかったのはいったい何故なのでしょうか。たぶんそれは、この四面の壁から何としても去ってやるという確信をもつことがもうできなかったからかもしれません。

病は悪化の一途をたどりました。ストレプトマイシンもその他の効果的な薬も、まだ開発されていませんでした。気胸のためのたった一つの望みは、肋膜腔に引き込まれたわずかな空気を漏れないよう圧縮することでした。「私はまだすててばちになんか、なっていないさ。

でも、望むのはやめたよ」と彼はA・R・ルリヤへの手紙で自認しています（文献1、二〇〇ページ）。

ところで気胸を患っている人間の身体の調子がどのようであるか、彼の別の手紙からも推しはかることができるでしょう。それは、ろうあ児の心理学に関する彼の報告の英語版が出されたことの喜びを分かち合うため、同じくルリヤ宛てに出されたものですが（この英語版は「シェリントン、スクリプチャーや、この問題に携わっている多くの欧米のグループの人々によって読まれた」）、ヴィゴツキーはこう記しています。「私はまるで山の新鮮な空気を飲み込んでいるようだ、まるで圧迫されるようなモスクワの部屋から、果てしない空間に飛び出したみたいな気分だし、まるで私の気胸が一瞬にして消えてしまったかのようだ。」（文献1、二一三ページ）

五月二十二日、あと一か月したらようやく結核病棟を出られる、家でベッド生活をするように、という指示を受けました。昨秋自分が三十歳のときには、どこかで、やせこけて青白く、階段では踊り場に着くたびにあえいでいたのでしたが、自分がやり残していた仕事にやっとの思いで復帰することができました。周囲が言うに、仕事は飛ぶように行なわれました。そして今度は、さらに家族を支えることが必要になりました。この年、長女が生まれたのです。

しかし彼の病気はあまり遠くに立ち去ってはくれませんでした。一年、五年と経つうちに病気は彼の自由を狭めましたが、そのことは残されている手紙に見ることができます。「結核と手術（プレニックトミヤ＝横隔膜手術）への期待にとりつかれているよ。おそらく秋には必ずね。（軽い空胴なら閉じられないはずないさ！）」と、一九二七年にルリヤに書いています（文献1、二〇一ページ）。「私は相変わらずモスクワにいるが、相変わらず全部はっきりしているわけではない。夏か秋に手術があるのかどうか、それを免れることができるかどうかも。たぶん、私は医者のことば使いやイントネーションからわかるのだろうけれど。」（一九三二年六月二十六日付の同じくルリヤ宛ての手紙より。文献1、二〇一ページ）。

そして、これはとても信じられないことであるのですが、この十年間にも満たないヴィゴツキーのモスクワ生活の間に、この華奢でかよわい体質の人間が為しえたことのほとんどすべて、彼の業績は優れた研究所五つ分にも相当するでしょうが、それらのすべては、一九二六年に記された医師の証明書から明らかなように、障害度第二級の者によって行なわれたのです。

第4章　思想劇としての心理学授業

十九世紀後半、児童心理学がやっと独立した部門として位置しはじめたころ、ドイツの心理学者K・シュトゥンプ（一八四七－一九三六）は当時、植物学を魅力的な科学と呼んだK・リンネ（一七〇七－七八）を引用して、次のように書きました。もしも魅力的な、と呼ぶことに値する科学が何かあるとするならば、それはまさしく児童についての心理学である。これは、この世にある最も善良な、愛すべきものについての科学である、と。

しかしながら、それにもかかわらず本質的に言って、乳幼児から成人までの子どもの発達の中に、とりわけ成長という現象を見出していたもともと哲学の出身者たちは、罪のない比喩をしたのです。そして皮肉にもヴィゴツキーが指摘したように多くの心理学的な概念は長い間、まだこれらの「植物的」な、あるいは「植物学的な」概念にとらわれた身のままであり続け、それは現在まで幼稚園と呼ばれている有名な就学前施設の呼称にさえも定着してしまいました。しかしヴィゴツキーが生き、創造をしていた当時、児童心理学の「植物学的な従属状態は基本的に後退し、そして科学の上昇階段を昇るように児童心理学は別のとりことなりました。すなわち「動物学的なもの」に抱きしめられたのです。

国外では一九二〇年代、世界中を駆け巡っていたのはドイツの心理学者ヴォルフガング・ケーラー（一八八七－一九六七）のセンセーショナルな実験のニュースでした。彼がテネリフェ島の類人猿センターでチンパンジーに対して行なった実験では知能の萌芽を見出すことに成功し、それは実際的には人間の三歳児と何ら変わらないというものでした。ところで、この心理学者の著書『類人猿の知恵試験』〔宮孝一訳、岩波書店、一九六二〕がロシア語に翻訳されたのは一九三〇年ですが、編者であり序文を書いているのはヴィゴツキーです。チンパンジーは天井から吊るされたバナナを手に入れるためにベニヤの箱を積み重ねたり、柵の向こう側にある実の入ったカゴを自分の方に引き寄せるために、二本の竹棒をつなぐ等しましたが、これらの実験は学校の学習要領の内容に含められ、以前から古典とされています。そして最も注目すべきことは、この動物が成功したのは、より下等な生き物たちが未知の課題にぶつかった時によくする試行錯誤によってではなく、あたかも突然のひらめきの力によって行なわれたことです。

ズルタンは初め、背後に置き残したままにしてあった箱の上に、所在なげに座っていた。（二本の棒を別々に一本ずつ使ってバナナを自分の方に引き寄せるのがうまくいかなかった後のことである＝原著注）それから立ち上がって、二本の棒を取り上げ何ということもなくその棒で遊んでいた。そうしているうちに、ズルタンは両方の手に一本ずつ棒を持って、偶然それらを一直線につなげるようにして並べた。細い方の棒を太い棒の穴にちょっと押し込んだのだ。そしてすばやく立ち上がり、それまで自分が背を向けていた柵に駆け寄り、この二本接ぎの棒でバナナを自分の方に引き寄せようとした。

（ロシア語訳はイテリソンによる。二〇〇〇、四八 - 四九ページ）

偶然二本の棒をつなげて長くした直後に、このチンパンジーの頭にひらめいたのは思考でなくしていったい何なのでしょう。事実、後にケーラーが書いているように、この動物の行動は試行錯誤と思われるところは全くなく、つまるところ直前に考えついた解決法を実際化したのです。

思うに、唯物論は勝利を収めることができました。つまり明瞭な話しことばをもっていない高等の霊長類の道具的思考の前人間的形態から、本来の人間的形態への橋をかけることに成功したわけですから。これらの実験は、しかるべき修正が加えられた上で、つまりは檻、箱、バナナなどは用いない方法にして、ただちに人間の一歳児において追試され、言語以前の年齢の子どもの実際的な思考は、大人のチンパンジーの知能と全く同じであることが示されました。この実験の研究者の一人K・ビューラーが書いているところによれば、「これはチンパンジーの行為に完全に似ている行動であって、子どもの生活のこのような段階をチンパンジー様の年齢と呼ぶことは十分適切である…〈中略〉このチンパンジー様の年齢期において子どもは、自分の最初の発明を行なう。もちろんそれは、きわめて初歩的なものであるが、人間精神的な意味においてそれは非常に重要である。」（ヴィゴツキーによるロシア語訳、文献3、一〇二ページ）

しかしこのことに、この研究者たちは注意を向けませんでした。ケーラーの実験は可能な最大限の正確さで連続した年齢のグループの子どもたちで追試されましたが、そこでもまた課題解決の手段と迂回方法の探究において、ケーラーのズルタンが示した行動と驚くほどの類似性が見られました。そして違いがあったとしても、それは原理的なものではありませんでした。すなわち人間の三歳児の方がチンパンジーより優れていたのは、話しことばがあることと、教示が理解できたことで、一方チンパンジーの方が優れていたのは「より長い両手があったことと粗雑な物を扱おうとする試みをした」ことです。

しかし当時ヴィゴツキーがマルクス主義的弁証法を深い所まで理解していた甲斐がありました。つまりヴィゴツキーはたとえ些細なものとはいえ、それでもやはり社会化された人間の質的な独自性を排除して、このような「自然の配列」に甘んじたのです。そして、結核病棟の住人の長い長い熟考と眠られぬ夜は、不安な夢を忘れさせ、他の患者が眠っている間、たった今読んだばかりのドイツ語や英語のモノグラフを頭の中で再生することを妨げるものは、もはや何もなく、たとえあっても大した役割を果たすことはありませんでした。しかしもし方法論的な点に関して、人間の意識の歴史的な根源に関する問題、その根源はわれわれの遠い祖先の集団的な労働活動のるつぼの中で溶かし込まれたものなのですが、それについての問題は、ヴィゴツキーにとっては多少なりとも解決済みであったとするならば、つまりはマルクス主義の創設者たちの理念にそれ以上何も付け加えることはできなかったとするならば、この世に生まれたばかりの子どもに思考が誕生する事実は、彼の時代の心理学にとっても、最も闇に包まれたページに危うくなり果ててしまうところでした。でもヴィゴツキーは死と闘っているこの年月に、まさにこの問題と取り組もうと決心し、まるで磁石の針のように、自分の研究の方向を人間の精神機能の生成という問題に向けました。そして標語としてマルクスの著名なことばを記しました。「我々は唯一の科学だけを知っている。つまり歴史学を知っているだけである。」と。

　まるでゲーテのファウストのように、医者の手によってようやく、プレゼントとして第二の人生を得たレフ・セミョーノヴィチ（ヴィゴツキーのこと）は、それが短いものであるとわからないわけはありませんでした。ありとあらゆる配慮がなされて彼の生活が管理されたことが、常識的に考えて、きっとそう暗示したのでしょう。でも彼は全く反対の方向に進みました。前述したように最近遠ざかっていたのですが、たとえ病気だったとしても、少しずつ徐々に徐々に彼の生活は自らのあご骨を開きはじめ、一九二七年末には「ヴィゴツキーとその共同研究者たち」という名の下で、創造の大鍋が再び自分たちの産物を生み出しはじめました。レフ・セミョーノヴィチ自身の刊行した著作の数だけでも爆発的に増加しました。それと同時に水面の波紋のように彼の役職やポストが多様に増加しました。幸いなことにそれは行政的な性質のものではありませんでした。

もちろん教育人民委員部の、子どもの社会教育および政治教育管理総局とは関係が切れることになりました。もしモスクワとレニングラードの間、つまり二大都市地図上に、今まさに彼の教育・研究活動はこの都市間で行なわれている訳ですが、そこにヴィゴツキー教授が講義をしたり、研究を指導したり、そしてまた相談支援をしたすべての地点を数え上げたのならば十五か所を下らないでしょう。彼の話を聴きに来る人々で、いつもどこもぎっしりと満員になったのはなぜでしょう。そこに心理学とは何の関係もない学生たちまで行ったのはなぜでしょうか。ベヒチェレフの講義はみなサボることができたのに、ヴィゴツキーの講義はそうすることができず、また、そうしようと考えなかったのはなぜでしょうか。たぶんそれは彼が自分の聴衆たちを一種の緊張感のある「思想劇《ドラマ・イデー》」に参加させていたからですし、またその劇が世界の心理学研究という舞台上で展開されていたからであり、そしてまたこの瞬間に彼の洗練されたキラキラ輝くような思想を注視するのが人々の最高の喜びであったからなのでしょう。「彼の思想の内的な道筋はまったく滑らかで驚くほど正確であった。そこには一点の狂いも一点のつまずきもなかった。それは美しい言語の形をとって具現化された、ゆったりとした思想の流れであった。」「彼は部屋を歩き、声を出して考えた。またあるいは、クリニックの実験室で腰かけ、カップのお茶を飲みながら考えを述べたり、多くの研究テーマについてスケッチしたりしていた。」（文献1、二二七、二五一ページ）レフ・セミョーノヴィチ先生は、このようにして近くから自分を見ていた同僚たちの話の中に登場しています。「学生や同僚が、彼のところにやってこない夜はほとんどありませんでした。彼らと夜中研究し、彼らが帰ると、また腰かけて書きものをしはじめました。」これはヴィゴツキーの長女ギータによる回想ですが、そこにはヴィゴツキーが使った書きもの机の、日々の、日常的な「境界決め」のことが綴られています（この娘は、小学生だった頃、その書き物机をお父さんと半分ずつに割って使っていました）。ベッドがあり、床から天井までの本棚はぎゅうぎゅう詰めの唯一の部屋は、同時に小さな広場でもあり、そこで子どもたちは遊んでいました。「私たちは遊ぶとき、自分たちの玩具のうち、そのうちのいくらかをパパが仕事をしている机の近くに寄せて並べました。でもパパは毎日何時間でも上手に机に向かって仕事をしていましたし、それもただ仕事をしているのではなくて、気を張って仕事をしていました。たぶんどのようなことも彼の仕事の邪魔にはならなかったでしょう。すぐそばで会話したり、遊んだり、床の上で大騒ぎしても、彼は一度も静かにしなさい、とか小言を言ったりはしませんでした。私は思いました。パパは研究にすっかりのめり込んでいたので時々自分の周囲で何が起きているのか、わからなくなるくらい夢中になっていたのだ、と。」（文献1、二七八、二九六ページ）

時にある何かの考えがすっかり彼の注意を捉えてしまうと、レフ・セミョーノヴィチは現実感覚を失い、時間を忘れてしまうのでした。そして、そんな時に彼にとっては本当にどうしようもない出来事が起きてしまうのでした。たとえば、それはある年の九月一日のことでした［ロシアの学校では入学式の日＝訳者］。彼はダーチャ（郊外の別荘）から新一年生になる自分の娘を学校に連れて行かなければならなかったのですが、遅れてしまったのです。……三時間も。

私はまだかまだか、と待っていました。でもパパは来なかったの。私は門のところまで行って、通りに出てずっと見ていたわ。〈中略〉もう最悪の状況だったの。パパは全然来てくれませんでした。きっと何かあったのね。でもどうしたらいいか、私にはわかりませんでした。門のそばで立っていた哀れな私の様子に面倒見のよいある女の人が気づいたのね。その人はずっと私のことを見ていたらしく、大声で泣き出したら私のところに来てくれて、なぜ私が家に戻らないのか、どうして泣いているのか、尋ねました。周りには、自分の子どもの面倒も見ないで、とか、よく世話をしないでいられるわね、とか、親たちを批難することばが聞こえました。それはもうひどかったわ。堪忍袋の緒が切れて、私はおいおいとまた泣きました。群衆は去りません。すると突然、最初に私に声を掛けてくれた女の人が肩に触れてきました。『見てごらんなさいな、あんたのパパが来たんじゃなくて。』私は人々の肩越しに見て、パパが横町を駆けてくるのがわかりました！〈中略〉家に帰ってから、ダーチャでどんなにパパを待っていたか私は何も言いませんでした。パパは自分で、そのことを話したのです。パパはママに、人につかまって時間を忘れてしまったのだと言い訳をしていました（そのようなことは、何度もありました）。そして別のある時、彼が横町の方に歩いていた時、学校から出てきた教務主任の先生と出会いました。先生がパパに言いました。「学校で泣いていたのは、お宅の娘さんじゃないかね。」するとパパは、また何時間か遅刻したのだと思って学校に向かって一目散に走って行きました……。

（文献1、三二三－三二五ページ）

＊　＊　＊

D・I・メンデレーエフ（一八三四－一九〇七）は、その周期律を夢で見ていた、という言い伝えがあります。ベンゼンの還式結合（ベンゼン核）をフリードリッヒ・ケクレ（一八二九－九六）は、ヘビが輪のようになって自分の尾を噛んでいるの夢で見て思いつきました。ではいったいレフ・セミョーノヴィチ・ヴィゴツキーはどんな夢を見て、子どもの思考が形成される最初の段階は子どもの生体的、身体的な外形の外側から持ち込まれるという思想を思いついたのでしょうか。今となっては、それが結晶となるまでの段階をある程度詳細に再現できるにすぎないのですが、とは言うものの、この点についてヴィゴツキーの一九二九－三〇年の年月は転換期であったと推定できる根拠があります。一九三〇年十月九日に第一モスクワ大学の神経病クリニックで行なわれた報告の中で、次のような注目すべき、この学者の言い方としては、稀に見る率直なことばに出会うことができます（T・V・アフーチナが考えるには、ヴィゴツキーの文化・歴史理論に貫かれている最も重要な用語である『内転化』〔インテリオリザーツィア〕が公の場で最初に発表されたのです）。その場でヴィゴツキーはこう言っているのです。「子どもの高次な機能の過程を研究しているとき、次のような、私たちを揺さぶる結論に達した。高度な形式のあらゆる行動は、その発達において二度舞台に登場する。一回めは行動の集団的形式つまり精神間的な機能としての登場であり、その後二回めは精神内的な機能として、つまり個人の行動の一定の手段として、二度登場するのである。我々がこの事実に気がつかなかったのは、もっぱらそれがあまりに日常的であるため、そのことに盲目になっていたがためである。」（文献3、一一五ページ）

「二度」ということばから何を理解すべきなのでしょうか。例として、子どもばかりに限らず、成人ではありますが精神機能のある側面の透明性において子どもにひけを取らない特別なカテゴリーの人々のことをあげましょう。その人とは職業軍人たちです。この文章を書いている著者自身は、きわめて高い階級のある軍司令官がマイクロフォンの前に立ち、ちょっとどうでもよいことを話してから、自分の命令を大声で言い始めた場面の証人です。「止まれ、後退せよ」などと。軍歴をそもそもの始まりの地点から遡ってみるならば、決まってそこには、兵役義務以上の上級将校や将官になるために少なからず役割を果たしている何かを見出します。それこそ、軍の典令です。それこそ平時および戦時状況下での人間の行動を軍務に服させることを規定している集団行動の形態（すなわち精神間機能）のようなものではなくしていったい他の何でしょうか。そう、もしかすると典令に定められた規準や規則に従う理論と実践以上に、うんざりすることなど他にはないのですが、それなくしては兵士というものもありえない、という事実にあえて議論をしかけられる人がいるでしょうか。なぜならば、自動化の域にまで達していると、たとえば戦いの時のように、遅れることが死と同じ意味をもっているような状況下では、より素早くより正確な決断をすることを、ほとんど自分で考えるということはなく、規準や規則がさせているからです。すなわち戦争のことごとく本性を貫いている規則（精神間機能）はまるで、兵士のことを「考えている」かのようであり、そのことは、作家B・ヴァシリエフの小説『かくて、ここに静かなる空焼け……』で老曹長ヴァスコフの人物像として物の見事に映し出されています。もちろん、この主人公の経験として感じられるのは過去の戦争だけではありません。おそらく強力な農民としての不屈さが別の瞬間には、より正しい所に彼を服させます。しかし、驚くほど大量の弾薬を自分の小婦人部隊に浴びせさせてしまったような新しい不幸に出会うたび、それまで彼が味わってきた平静心と冷静さを発揮できなかったのです。そしてもしそのとき、彼が途方に暮れたりせず、まさに前進しなければならないその瞬間を常々心得ていたとするならば、当時の戦争の歩兵規則が彼の身の一部になりきっていなかった訳はないでしょう。それは次のように言えます。そうさせたのは第二の「私」だったのです。それまでの彼にあったのは第一の「私」で、何年もの間、参謀本部の内部で使い古されて、その中に貯め込まれていた十万人ものヴァスコフのような人々の経験だったのではないでしょうか。

いいえ、もっと熱心に「回転化」という用語にすがりついて、研究の領域に内転化（インテリオリザーツィア）という概念を持ち込んだのは、ヴィゴツキーではありませんでした。それを彼よりも早くしたのはフランス＝スイス学派とりわけジャン・ピアジェ（一八九六–一九八〇）であり、彼は生れたばかりの子どもの社会化の過程や、その子どもの精神世界における社会的な意識の定着を、この概念と結びつけたのです。社会的な意識は子どもの意識構造の中で段々と変態をとげるとしたのです。しかし、この現象の本当の意味を明らかにしたのは、まさしくヴィゴツキーでした。彼自身の表現によれば、重要なのは「建築家が見向きもしないような石」なのです。その石とは、生物的で自然的な存在である乳幼児ですが、言語行為を介して、すなわち実際に使われることばを介して、大人の文化的な環境に向かって進んでいくのです。

でもまず、どうやらこの辺りで二十世紀のこの偉大な二人の心理学者の間で展開された歴史的な論争について話しておいた方がよいでしょう。それはピアジェが子どもの言語の性質に関連して、一見したところ誰に向けられた言語でもなく、後にピアジェ自身が自己中心的と呼んだ言語の特性の解釈をめぐってなされた論争です。実はその論争はとてもユニークなものでした。もしヴィゴツキーが自身の総まとめとしての最後の論文集の半分近くを使って、そのことを取り上げていなかったならば、三十年後ピアジェが『思考と言語』の最初の英語版に書いた特別な序文の紙面でヴィゴツキーに答えることはできなかったからです。ソビエト国家と他の文明社会とを隔てた「鉄のカーテン」の特質とは、このようなものでしたし、一方では科学として広く普及していた思想であっても、他方では全く浸透していなかったということが時にはあったのです。

ヴィゴツキーは、だいぶ遅れてやってきた自分宛てのメッセージをどこかで聞いたのでしょうか。どちらにせよ、彼のコンセプトが正当であることは時間による点検によって確かめられましたし、七十がらみの白髪をしたヨーロッパの巨匠は、あまりに早く逝ってしまったソビエトの同僚による論証に対して頭を下げなければならなかったのです。なぜならば新しい解釈による自己中心的ことば＊は、言語以前の子どもの思考が変態していく秘密を理解する上で貴重な鍵を渡してくれたからです。しかもヴィゴツキーはこの鍵を利用する機会を逃がしませんでした。

＊〔訳注〕他訳として「自己中心性言語」「自己中心性ことば」「自己中心的言語」等があり、いずれも誤りとは言えないが、本書では日本におけるこれらの訳語の使用の経緯や定着度を考慮して「自己中心的ことば」とする。

実際、粘土やお絵かきやその他の子どもらしいことに夢中になっている三〜五歳児たちが絶えず言語を伴いながらそれをしているのはいったいなぜなのでしょうか。そのことばを周囲の人が聞いているかどうか等全くお構いなしですし、自分の発したことばへの応答など期待もしていないようです。そしてもし、このような光景が子どもで一杯のプレイルームで進行していたとするならば、ピアジェの正確な指摘の通り、それは集団的独りごとのようで、そこでは「それぞれの子どもが自分自身と話していて、まるで声を出しながら考えている」ようだし、それでいてしかし、その幻想性は保持されていないながら他の子どもたちは、その子どものことを素晴らしくよく理解しているようです（文献3、巻2、四三ページ）。でも、もっと驚くべきことはテープレコーダー（あるいはヴィゴツキーの時代ならば蓄音器か）で記録したり、正確に記述してみると、このことばは成長に伴ってさらに特徴を現します。それは子どもと大人とが通常しているコミュニケーションとは、はっきり異なっている特徴です。すなわち電信的な文体、発話の縮小化傾向と断片性、単語の省略傾向、そして全般においてそのことばが発せられた状況を知らない人間にとっては全く理解不可能であるという性質です。ピアジェはこれらのすべての特徴を子どもの思考の自己中心性に結びつけていましたが、まるでそれは想像や夢想のような自分の内的、非現実的な世界に埋没し、大人の現実的な世界とは不完全にしか接触していない裏面部分であるかのように考えたのです。

そしてこのような解釈は学齢期の始まりのある地点、すなわち子どもの思考が現実性のレールに移行し、論理的に結びついた、意識化された社会的ことばによって自己中心的ことばが痕跡器官のように追放されゼロになっていく地点で、まるで残存物であるかのように確認されるというのです。このことはＦ・リスト（一八一一－八六）の神童についての有名な表現、彼らの未来すべては過去にある、を比較のためにヴィゴツキーに利用させることになりました。「それ（自己中心的ことば＝原著注）は未来をもっていない。それは産出することや子どもとともに発達することをせず、性質の点では進化的な過程、というよりもむしろ退行的であり、だんだんしぼんでいき、なくなっていく。」（文献3、三一九ページ）たとえばそれは、新生児期にはその役目を終える動脈管（ボタロー管）か、へその静脈のようなものです。いずれにせよ、この言語現象を記述したピアジェの見方は大体このようなものでした。

でもそれにしてもレフ・ヴィゴツキー自身はこの概念にどう向き合ったのでしょうか。率直に言えば多くの研究成果を見出したのですが、まず子どもの思考の自己中心性という概念から始めましょう。それはちょうど自分の食べるものを現実からだけではなく、夢想や希望や空想からも得るかのような、子どもらしい思考のことです。でも大事なことは、そのプロクルステスの寝台（第1章注参照）には、子どもの自己中心的ことばと実際的な活動が互いに修正を交わすことなく別々に進んでいくとすべきでないとする観察データは用意されていたわけではなかったことなのです。

偉大な学者という者はすべて自然に対し問いかける能力に秀でていると言われています。では心理学者は自然にどのような問いかけをすることができるのでしょうか。実際、脳内をのぞき見ることはできないし、もしのぞいてみたとしても何もそこには見えないでしょう。私たちの意識のスクリーン上で回っている思考も見えないし、その形象的なイメージも見えないでしょう。ただ電気的なポテンシャルのモザイクがオシログラフの紙リボン上で折れ線グラフをつくるだけです。子どもの発達のダイナミックスを研究している心理学者が唯一できること、それは子どもの心理の中で隠れて進行している過程を、「圧縮した」実験条件の下で取り出すような実験、自分の説でも他の心理学者の説でも確認することができるような実験を考え出すことです。子どもの心理の中で進行している過程は直接には一瞬たりとも捉えることはできないし、その総体も通常の観察からは実際に手にすることはできないのです。

このことにヴィゴツキーと彼の仲間たちも取り組んだのですが、何よりもまずピアジェ自身の概念を「非常に注意深く点検すること」を行ない、言わばそれを実験台にのせ「破壊」「圧縮」「伸長」する実験にさらしたのです。試験に合格することは幸せですね。でも当時すでに蓄積された材料は不合格と判断させるものでした。そして結局、自己中心的ことばとは何だったのでしょう。それは無益な、それがなくても子どもの行動は本質的に変わらない単なる付録物などと言うのはもっての外、たとえそれを構成しているものが不可解に見えたとしても格別に重要な何かなのでした。

ピアジェが集計した自己中心的ことばの数が、いつも急に多くなるのはなぜなのでしょう。もっぱら子どもの行動に何かの人工的な壁が持ち込まれるためでしょうか。たとえば仮に幼児の自由なお絵かきの時、その子の欲しい鉛筆とか紙とか絵の具が手元にない場合のように。「えんぴつはどこ、今私には青いえんぴつがいるの。ううんなんでもない。そのかわりに赤で描くわ。そしたら水でぬらすの。そしたらちょっと黒くなって、青みたいになるの。」このような時、実験者に生じる印象は「この子は自分がしていることを、ただ話しているのではなく、この子どもにとってこの時、話していることとやっていることは課題解決に向けた同一の複雑な心理機能であると思わせるのが常である。」（文献3、巻6、二二一ページ）そして、これこそ知能の参画を要する状況下で自己中心的ことばが法則的に増加する例なのですが、まだ当時、一九二九年から三〇年にかけて諸外国では、ある年齢になると、**それは、子どもの言語的思考の始まり、つまり、声に出して思考することを始めるのだ**、と考えられていました。

ヴィゴツキーは、何という幸せの糸口を手繰り寄せることができたのでしょう。ついに、未知の濃い闇を通り抜けて、この大学者は直感したのです。自己中心的ことばこそ、子どものおぼつかない片言のおしゃべりや面白おかしくゆがめて発音されることばから、成人の思考過程に非常に密接に介在している「内言」にだんだんと近づいていく、ある種の必要不可欠な鍵となる環にちがいない、と。

第5章　子どもの思考と言語——心理学の宝石箱

「ぼく、それでも遅いくらいに早く起きるよ」「わたしのたまごを殻脱《からぬ》がしてね」「もみの木のツリーはすっかりろうそくになりました」「私が座るとハエがくる、私が座るとハエがくる」……。

このような子どもらしい造語の傑作に魅了されない人など誰もいないでしょう。コルネイ・チュコフスキー（一八八二－一九七一）は、すでに一九二〇年半ばに出版した著名な本『2歳から5歳まで』〔邦訳として、樹下《じゅげ》節《たかし》訳『2歳から5歳まで』理論社、初版一九七〇年がある〕で、子どもたちのこのような造語の傑作を収集し、それにことばを添えています。その後この本は何回も補足され、数え切れないくらい版を重ねています。しかしたぶん、主題は宙ぶらりんのままでしょう。というのはこの本が初めて世に出た当時つまり二十世紀の三分の一世紀ごろの大心理学者たちの槍は、子どものことばと思考の形成におけるその役割とを巡って交差していたのです。思考が先なのか、それともことばが先なのか。そしてこの二つの心理学的な現象の間に、どのような相互の関係があるのか、という問いです。この問題に対してヴィゴツキーと同時代の心理学者たちの答えはいろいろでした。その一つソビエトの反射学者あるいは彼らのアメリカの「親戚」である行動主義者たちは次のように答えています。思考と言語とは一枚のメダルのように両面を切り離すことができないものであり、思考とは「言語から音を引いたもの」あるいはベヒチェレフによれば、思考はその運動部分が外に現れていない言語反射だと言います。また別の学者たちに言わせると、ことばとは、生じている思考には関係のない外向けの衣裳であり、人間が着たり脱いだりする外套と同じようなものであって、人間の思考の本質を左右するものではない、のです。子どもの思考についてのドイツの著名な研究者ヴィリアム・シュテルン（一八七一－一九三八）は次のように考えました。この命題はどの大学教科書にも載っていますが、シュテルンによれば一歳から二歳の間に、子どもは自分の人生の中で最大の発見の一つを行ないます。それは「すべての物には自分の名前がある」ということを理解するようになることです。そしてこの発見の中に、その子どもの将来の知性の種がすでに播かれているように思えます。

そうです。実際一年経つと子どもの語彙は爆発的に増加します。ことばは、その子どもの生活上まったく特別な役割を果たすようになり、まるでその単語を理解しているかのように積極的に新しい単語を使いまくり、自分の知らないものの名前を問い、自分が発見したことばの詩で遊び、それを満喫しています。でもこのような時期のことばは、子どもの思考においてどのような位置を占めているのでしょうか。

周知のように類人猿は道具を用いる活動において、ことばを用いずとも見事にやってのけましたし、その際、人間の三歳児にも比肩することができるほどの驚くべき才覚を示しました。それも棹と棹を差し込んでつなぎ、おいしい物を手に入れたというだけではありません。前述したズルタンはバナナを手に入れるのに屋根によじ登り、天井に吊り下げられて回転しているカゴに近づくのに梁の助けをかりました。そのカゴは屋根から直線距離で一番近いところにあったものです。しかしカゴは多様に回転していました。二度めの試行では、前回の時には何とか手が届いた梁とは全然違う調度よい梁にたどり着きました。そしてさらにズルタンは変化する回転の性質を見極め、いつもカゴが一番近づく梁によじ登るようにしました。言い方を変えるならば彼は予め頭の中で自分の行為の成果を考えていたわけで、それはこの類人猿の驚くべき知能を示したわけです。

　ではいったいこのような実験の過程でズルタンはどのような、興味深い特性を示したのでしょう。はっきりしているのは、首尾よく課題を解決するためにこのチンパンジーは、バナナと同時に実験者が自由に取れる所においた手近な道具を目で見る必要がありました。そしてたとえばバナナを引き寄せるための棒をズルタンの背後に置くや否や、この動物は棒のことを「忘れてしまう」のでした。そうなのです。この動物は自分の手が届かないバナナを見ていたし、また柵に背を向けて棒も見てはいましたが、それぞれを自分の頭の中で一緒にすることはできませんでした。「チンパンジーは自分の視野の奴隷である」と、この実験の研究者ケーラーは類人猿の知能のアキレス腱を判定しています。ということは、すなわち視覚的に知覚された状況に対し、彼らの脳は直接的に直ちに反応するのみであり、時間間隔をおいて生じたことを「熟考」することには力不足なのです。

でも全く同じことが言語以前あるいは言語発達の初期段階にある幼児についても言えるのです。そして「幼児の直接性」という表現ほど、このことをうまく表していることばはないでしょう。それは見えていることがすべてであること、裏表がないことを意味し、生じたどんな欲求も、ひらめいたどんな考えも何らかの動作や振る舞いによって即、実現化しようとすることです。十分な正当性をもって次のように言うことができるでしょう。**この時期の子どもの思考は事実上、行為と不可分である。あるいはもっと正確に言えば、思考は行為である。**

しかしやがて子どもの生活には、ことばが入ってきます。それにつれて子どもの心理体系にはどのような変化が起きるのでしょうか。多くの研究が示しているところによれば、初めのうちことばは、やはり行為と不可分であり、身体的な活動が言語的な活動と入れ替わるだけです。たとえば自分の手で物をつかむこともできますし、手を伸ばし「ちょうだい！」と言うこともできる訳で、ともに同じ結果が得られます。Ｌ・Ｂ・イテリソンが述べているように「〝ちょうだい〟ということばは、こうして行為となり、それは手に入れることについてのアナログな行為となっていく」（イテリソン、二〇〇〇、文献7、一八九ページ）。でも容易に理解できることですが、これらの初期のことばは大人との交通にとってのみ意味があるだけで、それらは主としてコミュニケーションの機能をもっているものです。つまり物から子どもへ、そして子どもから物への通路はヴィゴツキーの言うように他の人間を経由しているのです。そしてこの通路は彼の意見に従うならば「実際的な知能の発達の中心的な路線」です。言い換えればヴィゴツキーにとっては（とりわけピアジェとはちがって）何よりも子どもは社会的な存在であり、その希望や欲求は大人との共同によって満たされ、言語はそのような共同行為の道具なのです。

　しかしながら、ことばは子どもが自分の望みを達成するのをたやすくするだけではありません。それはさらに周囲の事物的な環境を新しい方法で習得するうえでも子どもの助けとなっています。事実それまで子どもは、もっぱら実践的にそうしてきました。つまり熱いもので失敗したり、鋭く尖ったもので傷ついたり、苦いか甘いか確かめたりできました。でも、ことばは実際に物がなくても発音することができますし、Ａ・Ａ・ポチェヴニャ（一八三五－

九一）の表現によればことばは物を代表していて、つまるところ物を示す記号になるのです。

ここにおいてこそ人間の子どもには、「動物とはちがって」現存状況の枠を超えていくことを可能にさせた発達の最も重要な交点が結ばれるのです。というのは記号に向けられる操作が一定の程度、物的な対象に向けられた操作と交替していくからです。そのような操作は事実上は分離不可能なこと、事物とその特性とを分けることを可能にします。またそれらの事物がその場になくてもその代理となることばを操作して、それらの事物を扱う行為をすることを可能にします。考えることで頭の中で将来の自分の活動を行なわなくても「演じて」みることができます。一言で言えば記号による操作、言うまでもなくここでは言語という記号による操作ですが、それは人間が周囲の世界を習得するうえでの強力な武器となりますが人間に最も近い親戚の動物たちはそれを知らないのです。

＊　＊　＊

かつてF・ベーコン（一五六一－一六二六）は次のように書きました（そしてヴィゴツキーは、これらのことばを好んで引用しました）。「知性を思わせない裸の手など、大した力はない。仕事は道具と補助手段によって遂行されるのだ」と。だがもし通常の道具が人々の必要に応じて周囲の自然界を改造するのに役立っているのだとすると、ことばそれ自体は物質的な価値を生み出さないことになります。しかし、ことばは情報の担い手でありながら、それは他の人々の行動に作用する道具でもあり、またそのような役割として子どもの行動の重要な調整体となります。

「気をつけて、やけどしないでね」、「水たまりに入っちゃだめよ、足が濡れちゃうから」、「椅子の上でゆらゆらしちゃだめ、落ちるから」。このようなことばが子どもを取り巻く現実の世界で途切れることなく飛び交っていますが、それらは段々と子どもにとって現実としてのことばの意味となって現れるようになり、子どもの活動の方はその意味に対する反応となっていきます。イテリソンが書いていますが、ことばは「子どもに圧力をかけ、物や人と同じように何かを行なうことを余儀なくさせる。〈中略〉子どもは物や行為と同じように、いろいろなことばを獲得して、それらに自分の行動を従わせ、ことばで遊ぶ。子どもは言語を学ぶのではなく、ことばによる活動を学ぶのであり、現実のいろいろな物や人々と同様に自分の行動を規定する新しい現実としての言語を習得する。」（文献8、一八五ページ）

子どものころに初めて動物園に連れて行ってもらった者なら誰でもみな、自分をおそった軽いうろたえのような初めて味わう感覚を記憶しているでしょう。ずいぶんたくさんのことを聞かなければならないし、同じくらい沢山のことを見て回らなければなりません。どこから始めて次にどこへ行くのかわからなくなってしまいます。でも目には矢印の指示が飛びこんできます。象はこちら、猛獣はこちら、猿はあちら、両生類と爬虫類はそちら、と。するとあなたは自分を連れてきてくれた大人の手を、柱についている矢印が示す方に引っ張っていき、やがて確信と満足を得ることでしょう。問題は去り、以後これらの矢印はあなたの一歩一歩を順に示すものとなり、もっぱらそれらによって自分の希望を思い通りにでき、歩く方向を希望に一致させることができるようになります。言い換えれば、この外的な記号は、あなたの行動の中に位置づき、あなたとあなたの周囲の環境との間に入り仲立ちの役を引き受け、あなたを檻から檻へと、猛獣から象へと、そして象から動物の赤ちゃんコーナーへと導き、そこから軽食堂か、あるいは悲しげな何頭かのポニーが、喜んでいる子どもたちをガチャガチャと音をたてて荷台に乗せて回る、待ちに待った円形広場にまで連れて行ってくれます。そして祝祭日には、ことごとくこのありふれた矢印が誠心誠意あなたに奉仕します。このような日常見かける記号を大昔から人類全体が利用しているのです。

　記号はおそらくは、ことばよりも古くからあります。ありとあらゆる種類の刻み目とか、計算木とか、結び目といったものを人間はたぶん、明瞭な話ことばがやがて形成されるころにはすでに利用していたのでしょう。ヴィゴツキーはK・ビューラー（一八七九－一九六三）のことばから、ボルネオ島で発見された素朴な米の栽培用の手掘道具についての話を引いています。その上端には小さな弾力のある棒がつけられています。地面を耕すと棒は振動し労働の合の手や労働過程をリズミカルにする合図になるように思われます（文献3、巻6、八四ページ）。

このことは記号が、この場合は音による記号ですが、それが古代人たちの行動を組み立てるのを外側から助けたことのほんの一例にすぎません。人間の活動を調整したり統制したりする機能の大部分をずっと昔から、ことばが引き受けてきたにしても、記号は現代でも私たちの生活の中できわめて名誉ある高い地位を占めています。高速道路の分離帯記号、楽譜のト音記号やへ音記号、店で私たちが支払う紙幣の額面等、この他にも、限定したり、指示したり、代替したりしてくれるようないろいろな記号は、私たちが一歩進むたびについて回るわけですが、事実上それなしには現代人は存在することなどありえないのです。

しかしもっと重要なのは、記号と、それと切り離すことのできない特殊化された記号刺激への関係とが、根本的に人間の心理構造をつくりかえるということです。そしてもし高等動物の行動が一定の生物学的な図式S－R（刺激－反応）にあるとすれば、記号操作においてそれらの間に中間的な構成員、ヴィゴツキーの表現によれば**行動の組織化に役立つことを使命としている第二系列の刺激**が働いているのです（文献3、巻6、六三ページ）。

　まさにそれこそが大人の行動と動物や幼い子どもの衝動的な行動とを区別する理性的に整った性質を人間の行動に付与しているのです。

　人間がこのような補助的な刺激の助けを借りてやがて自分のものとなる行動を外部から獲得していることを示す例は限りなく挙げることができます。でもA・アインシュタインの生涯から、ある出来事一つだけに絞ってみましょう。それはヴィゴツキーがまとめて定式化した原理を描写するには想定外の例かもしれませんが。それは次のような出来事です。プリンストン大学時代の最後のころ、アインシュタインは相対性理論について統一理論野をつくろうとして、あまりうまくいかず一心に取り組んでいました。そして、これらの空しい探究は時折、食事をとることとさえ忘れさせてしまうほど精神力を奪い、そのために彼は一度ならず家人から大目玉をくらったといいます。ある日の、正午過ぎ彼は大学内の森の道で自分の同僚の誰かと会い、二人で専門的な議論をしはじめました。そして別れる時間がきた時、不意に彼はこう聞いたのです。「すまんが君は気がついていたかい？　我々が会う前、私がどっちの方角からやって来たか、つまり大学の方からか、それとも家の方から来たのか？」。そして相手の無言の答えに対してさらに笑いながら言いました。「おわかりでしょう、今日私が昼食を取ったかどうかなんて私覚えていないんですよ」と。おそらくこの大学者は自分の記憶の欠落を補償しようとして、まさに外的刺激として、自分が同僚と会う前に向かっていた方向に歩かせる役割の外的刺激としての手がかりを見つけようとしたのでしょう。

ヴィゴツキーは書いています。「記号操作への移行によって、我々は高度に複雑な心理過程に移行するだけでなく、事実上、心理の自然史の広野を置去りにして、行動を歴史的に形づくる段階の領域に入っていく」と（文献3、巻6、六二ページ）。

自然的で生物学的に条件づけられた活動とちがって、これらの文化的に媒介された形態の心理活動を彼は**高次心理機能**と呼びました。そして文化的な記号やシンボルのシステムによって心理が決定されるというテーゼ、つまりそのような記号やシンボルによって子どもたちは、これまでの世代の知識と実際的な体験とを習得するのですが、そのテーゼは**文化・歴史的理論**と呼ばれるようになったのです。

レフ・セミョーノヴィチ・ヴィゴツキーが人間のこのような心理機能の特別な可能性を自分自身を例にして学生たちの前でどのように示してみせたのか、その証言が残されています。

講義のテーマは「記憶力」でしたが、もちろんヴィゴツキー先生は普段の生活の中でそれを自慢したことなどありませんでした。それはそうとして、このデモンストレーションにはある準備作業が必要でした。ヴィゴツキーは聴講生に向かってこう話しかけます。「まず最初に記憶とはどのようなものかみなさんに示したいと思います。そのためにお聴きのみなさんのうちどなたかに、みなさんが希望することばを、順に黒板に書いてもらいましょう。その単語はどんなものでも、抽象的なものでも具体的なものでも、どんなジャンルのものでも思った通りのことばで構いません。全部で四百語にしてください。私がお願いしたい条件が一つだけあります。それはみなさん一人ひとりは私が『どうぞ』と言ってから単語を言ってください。」こうしてすべての単語が口頭で言われ黒板に順に列として書き込まれてから、実演と〝手品〟が始まりました。黒板から目をそむけながら、ヴィゴツキーはこれらの単語を間違えることなく、番号順でも、列ごとでも、また順序通りでも逆順でも自由自在に、あらゆる順番で再現してみせました（文献1、二二五ページ）。ところで、この手品の種明かしはヴィゴツキーが予め準備していたことにあるのですが、それは四百名以上の歴史上の有名人をリストアップして、それぞれを順序づけて暗記しておき、ヴィゴツキー本人はその場で記銘用に提示された単語と、その番号に相応する人物を連想すればよいだけでした。

でもここで大事なことは、ヴィゴツキーが自分の聴講生に伝えようとしたのは記憶術の例示ではなく、次のような思想だったのでした。すなわち、このような手品は本質的に言って手品などではなく（実は彼と同時代の心理学者たちは手品だと思っていた）、また総体としては補助記号と人工的な回り道を利用したのであり、文化的に建て増しされた人間の記憶はこのように働いている、という思想でした。しかも記憶だけではなく、注意も、知覚も、そして実際的な知能も、同じような急進的な再構築を成し遂げていくのです。その時から「ことばやその他の何らかの記号は、これらの心理過程の初めの段階から終わりの段階までの間で働き、〈中略〉そしてあらゆる操作は非直接的で、間接的な性格を獲得するようになる」のです（文献3、巻6、四三ページ）。

＊　＊　＊

おそらくレフ・セミョーノヴィチが自分の同僚とともに十年間集中して探究してきた何百もの実験、それは人間の心理構造を理解するためのステップだったのですが、そのような実験のうち、たとえ二つでも三つでもここで引用しないままでいたら、それはけしからぬことになるでしょう。実験的に構造化された遊びや、媒介される記憶研究についての実験では、記号操作と、より原始的な形式の行動とが共存しているという、研究者たちを驚かせた事実が発見されました。

たとえばある実験シリーズでは、四歳から六歳までの子どもたちの単語記銘をより容易にするために、記銘すべきその単語と直接の連想関係をもっていない任意の図形や事物が描かれた補助カードが提示されました。成人は同じような状態下で、難なく単語・論理構造を随意に用いて必要な単語と任意の実験的な記号とを結びつけます。それはヴィゴツキーが記憶の講義で学生たちに演示してみせたのと同じです。子どもの場合そのようにはいきません。幼い被験者たちは自分の前に並べられたカードの中に、与えられた単語と直接関係のあるカード、実際にそのものが描かれているカードを根気よく見つけようとしていました。そして、もしそのようなカードはない時は、それでもなお記銘すべきものと全く似ていないものであっても何らかの偶然的な人為的構造をつかまえようとしました。「ほら、これも太陽だ」とある男児は斧の絵にあった黄色の斑点を指して説明しました。その子は、それによって「太陽」という単語を記銘したのです。

ある単語が子どもには、その事物と不可分の特徴の一つのことだと思われているようなとき（呼称が違うと、事物自体も替わるようなとき）、すなわち記号と事物との一体化は、ピアジェの臨床的方法による別の実験シリーズにおいても見出せます。そこでは就学前の子どもたちに、いろいろな物がどうしてそのような単語で呼ばれるのか説明するように求められます。「〝牛〟が牛なのは、角があるからだよ」と幼い被験児はまじめに答えます。「〝子牛〟っていうのはね、角がまだちっちゃいから」「〝馬〟はね、角がないから馬です。〝犬〟は角がなくて、小さいから犬です。〝車〟は動物と全然違うからです。」ところが事物から事物への名称の条件的な移動に関する実験、たとえば「犬」という概念と「牛」という単語の入れ替え実験では、「このような牛にも角があるの？」という問いに、「あるよ」という答えが返ってきます。「でも本当に牛？　これは犬じゃないの」と実験者は揺さぶりをかけます。「本当に犬に角はあるの？」「もちろん、犬ってことは牛なの、牛って言うなら角はなきゃいけないの。牛っていう名前の犬にはちっちゃい角がぜったいついてなきゃいけないの。」（文献3、巻2、三一一－三一二ページ）

このような場合に私たちの言う子どもの論理とは何でしょう。でもこのような論理の背後には子どもの発達まるごとの歴史があり、それがこのような実験方法で明らかにされ、その後に理論的に意味づけされます。その歴史が明らかにしたのは、子どもが諸概念においてどのようにして私たち「成人の」思考にゆっくりと少しづつ近づいていくのか、また記号操作がどうして発明されず、開発されないのかでした（W・シュテルンの視点）が、それは「最初のうちは記号操作ではないようなものから生じるが、一連の質的な転換の後でのみ記号操作の時期ができあがる。」（文献3、巻6、六六ページ）すなわち自然的な形態の行動から増大し、はじめのうちはいろいろな気ままな混合が現れますが、それらがヴィゴツキーに高次心理機能の発達のある種の「胎内時期」に注目させることになったのです。

　そして実際いわゆる幼児期の子どもの頭の中にはとにかく、いろいろなものが混入してきます。とはいえ心理学者たちは、この現象に響きのよい名称を与えています。それを子どもの折衷主義（シンクレティズム）と呼んでいますが、それは訳しますと名称と事物、単語と行為、欲求と行動の不可分さを意味し、この時期に特徴的な子どもの心の未熟さを反映していることばです。つまりピアジェが確認しているように三歳児は「熱くなっているペチカには手で触りません」という禁止と「手で食べません」という禁止の違いをまだ感じていないのです。

　ほどくことが困難なほど絡み合っている糸玉と全く同様に、周囲に向けられた子どものことばも、自分自身に向けられた子どものことば、つまり私たちが自己中心的ことばと理解していることばも絡み合っています。実を言えば、その自己中心的ことばの場合、子どもはコミュニケーションの過程で大人から受け取る指示や命令文と自分の寸法合わせをしています。このこともヴィゴツキーは子どもの実際的知能の研究に関する実験でテネェリフェ島の類人猿ステーションの猿に見られたのと同様のことを見事に示しました。

技術面での詳細は省かせてもらいますが、この実験で子どもに与えられる課題は、ケーラーのズルタンが解決した課題とは難易度の点でさほど違わないようにして、幼児にさまざまな種類の補助手段や道具を利用するように求めました。しかしチンパンジーと違って、子どもの道具活動は話しことばを伴っているのがふつうです。それは綿密にプロトコールにして書き留められました。ヴィゴツキーがこれらの観察記録を要約したのが次に示す文章です。

> 実験者を驚かせた第一のことは、動物に比べ、子どもが行なう操作上の自由さが比較にならないほど大きいことである。〈中略〉ことばを用いて一定の意図を定め、子どもはかなり広い範囲の操作を実行し、道具として自分の手元にあるものばかりではなく解決課題に役立つと思うものを見つけ、予め準備しその先の行為を計画しながら、事物を道具として利用する。
>
> （文献3、巻6、二三-二四ページ）

しかし実験者たちは別のあることにも気づきました。たとえば直接成果を得ることができないことに直面したとき、幼児はふつう自分の願望と想像上で得られるだけの自分に必要な成果との両方を表現してくれるある種の言語的な代用物にすり替えようとします。一般的に言ってこのような場合、子どもの活発さはとりわけグロテスクな、活動の形態を互いに壊しあうごちゃまぜの物になるのです。たとえば捨て鉢になったあげく目的を達成できなかった試みをすることもあれば、実験者に助け舟を求めることもあるし、また時には「対象」そのものに助けを求めたり、課題状況しだいでは、こっちへ来い、降りてこいと求めたりする場合もあります。つまり子どもはことばの力を感じてはいるようですが、しかしまだしかるべくそれを扱うことができず、猿が棒を扱った時のようにことばを扱うことがあります。

ヴィゴツキーが考えているところによれば、子どもの発達における転換点は、子どもの「自分に向けられることば」が「他人のためのことば」から離れはじめた瞬間から始まります。その例として、実験者に助けを求める代わりに自分自身に課題の計画案を話しかけているときがあります。多くの観察が、このような繊細な、社会・言語的な内転化の過程に光をあてることを可能にしました。

仮に自己中心的ことばは、発達の早い段階ではふつう行為の後に続いて発せられ、その子どもがしていることのすべてを受身的に発していて、その子どもに与えられた課題を解決する方法に何のヒントも含んでいないとしても、子どもはその方法を大人に向けたことばの中で形成していくのです。観察で用いられたプロトコール表からはっきり見えてくるのですが、独力での目的達成に絶望すると子どもたちは実験者に援助を求めるだけではなく、どこでその援助が出されるべきか説明するのでした。つまり自分の活動の圏内に他人の行為を意識的に含めようとします。そのようなときヴィゴツキーの実験の助手たちは若干の不意の方針転換を受け入れます。彼らは黙って立ちあがり隣室に移って子どもを一人だけにしますが、気付かれないように子どもの背後から観察を続けました。

　社会的なことばと自己中心的なことばは連通管のようなものであること、そして前者を無効化しようとするあらゆる試みは、後者を活発化させることにつながるということは当時、すでに一般的に知られていました。しかし今観察者たちが何の目撃証人であるかということは既知の枠内に納まり切りませんでした。事実、実験者とのコミュニケーションのチャンスを失った幼児は自分自身と話をし始めます。その際、子どもは前に自分が大人に向かって言ったのと全く同じ言語指示を自分自身に適用するのです。しかもこれらのことばによる指令の助けをかりて自分自身の行動を統制しながら幼児は望むものを手に入れました。

ヴィゴツキーはこの点に関して次のように書いています。「子どもは社会的な型をした自分自身の行動を組み立てて、かつて自分が他人に向けて用いた行動手段を自分自身に用いる。」「実験者が課題として子どもの前に、ある状況を呈示するが、子どもはその状況の背後には常に、直接その場に居合わせているかどうかには関係なく、他の人間がいると感じている。」（文献3、巻6、三〇、三三ページ）

しかしながら行動におけるこのような心理学的なペレストロイカ（再編）の背後に、この大学者の探究心に満ちた頭脳は、それ以上の別の何かを見抜いていました。実にそれは純粋に人間的な思考の形態が初めて結ばれる支えとなる交差点でした。それは、**それまで互いに独自の、無関係の路線で発達してきた、ことばと実際的知能が初めて交わる「大きな発生的な局面」**であり、「その後、思考は言語的になり、また言語は知性的なものとなる。」（文献3、巻2、一〇五ページ）そして自己中心的ことばが知性的なものになっていく過程は、その最も良い確証でしょう。

実際しばらくの間は、実験においてさえも周囲に向けられる子どもの発言（社会的ことば）と、自分自身に向けられた子どものことばとは、別々の「住居」に離れているのが普通です。少なくとも外見的には、この二つの形態のことばは時に双子のように見分けがつきません。でもそれらの区分けが始まるのは、まさしく自己中心的ことばが知的な機能を遂行しはじめるとき、そして子どもが声を出してまるで外側から自分自身の行動を統制しはじめるときです。

それに呼応するかのように、その子どもの自己中心的ことばの構造も、それまでは子どもの活動の言語的な複製としてのみ現れ活動の結果を反映したり、ある程度強調するだけでしたが、次第に変化していきます。このときに至ってこそ子どもたちは何らかの操作に取りかかる前に、まずしゃべりだすのです。まず自分の行為の成り行きを計画してみてから、その後でのみ具体的な実現化に着手します。たとえば、それはお絵かきをしている子どもたちが典型です。三歳児たちは何の主題も計画もなく鉛筆を手に取り、できあがったものを見るや否やそれをことばで意味付けします。すでに五歳から六歳の子どもは前もって自分で描こうとしていたことを準備したように机に向かって、まさしく描こうと思っていたことを描き始めるのです。

こうしてピアジェの自己中心的ことばという概念が公刊されてから十年間、それは事実と執拗な分析の圧力のもとにさらされました。それは実際には擬似自己中心的なものであり、あるいはA・R・ルリヤの表現によれば、子どもが予め、いろいろな規格外の状況の「感触をつかむ」のに役立つ性質をもったことばなのでした（ルリヤ、一九八二）。著作『思考と言語』の中でヴィゴツキーは一連の決定的な実験について記していますが、それはあたかもこの二人、二十世紀心理学思想の巨人二人の通信論争を締めくくるかのようです。それらの実験は厳しくも、そのかわり明確な説明となったことを認めなければなりません。ピアジェ自身の観察は、この論争の契機となりました。ピアジェは自己中心的ことばの特徴を多く記述しましたが、彼自身はそれに相応しい理論的結論を導いていません。

先にあげた例は集団的な独りごとであり、子どもたちは自分自身と話していて、同年児たちは同じ場所にいますが、基本的に同じ活動を続けているだけでした。これは錯覚です。つまり誰に向けられたものでもない子どものことばは周囲には聞かれていて、理解されていると子どもは信じているのです。結局これは初期の自己中心的ことばと社会的ことばとが音声化されている点で類似しているのです。つまり完全に声に出して発音されているのであって、はっきり聞きとれないささやき声やひそひそ声ではありません。もしこれらの自己中心的ことばの特徴のすべてがピアジェの考えているように、実際には偶然的なものであって何についてて話しているでもない「人工物」で、その真の原因が子どもの思考の自己中心性にあり、幻想、希望、夢想の世界に潜っているのだとするならば、このようなことばは人為的につくられた心理学的な実験の、子どもの孤立状況の中でどのように働くというのでしょうか。

今までヴィゴツキーの大砲は、いわば広場ごとに撃たれてきましたが、彼がリードした議論は直接的な証拠の力はもっていませんでした。しかし、そこでは彼のことばによれば実験的な批判ないし批判的な実験が打ち立てられていました。もし逐語的に言うならば「はりつけの十字架上の実験」です。この場合「はりつけにされた」というのは、ピアジェの概念ばかりのことではなく、幾分かは幼い被験者自身でもあります。

自分自身と話している子どもの錯覚、隣で遊んでいる他の子どもたちが何も理解してないと思っている錯覚を少なくするようにすることが大人（実験者）の最初の手つづきです。子どもにとって慣れている環境の中で自己中心的ことばの数を変えてみるためにです。幼児を、同年齢のろう児のグループの中に連れてきたり、あるいは外国語で話している子どものグループに連れてきます。このような心理学的な孤立は、子どもの自己中心的ことばにどのように反映するはずでしょうか。もしピアジェに従うならば、形としてそれは、その増加ということになるでしょう。実際、子どもは自分自身に呈示されたものを自分の話しことばで周囲の子どもと考え合わせる必要はなく、むしろより十分に子どもの思考や言語の自己中心性がはっきりしてくるように思われます。しかし得られた結果は全く正反対であり、ピアジェの視点からすれば逆説的でした。周りは自分を理解しているという錯覚を封鎖することは、自己中心的ことばの数の増加を促進しないばかりか、逆にそれをほとんどゼロにしてしまうのです。

さらに他の二つの実験シリーズも示唆的でした。そこでは子どもが集団的な独りごとに参加できなくなるようにし、実験者はその子どもの自己中心的ことばができるだけ音声化されないようにすることにしたのです。第一の実験の場合では慣れているプレイルームから別の部屋に子どもを連れだし、知り合いではない子どもたち、今までもこの実験中もまだことばを交わしたことのない子どもたちと一緒にし、部屋の隅の遠い所にある特別な机に向かって腰掛けさせました。第二の実験シリーズでは、その実験が行なわれている部屋の壁越しに楽団が演奏していたり、騒音を出すようにして、他児の声ばかりか自分自身の声も消してしまうようにしました。すると今回の実験もまた錯覚を封鎖した時と同様で、この二つの実験シリーズは自己中心的ことばの数を著しく落としてしまう結果になりました（文献3、巻2、三二七―三三〇）。

こうして最終的な疑いは消え去りました。年齢とともに進行している断片化、不完全化、単語やフレーズの脱落化、というような性質をもっていて、他の言語形態とは全く似ていないことば、つまり自己中心的ことばにおいて、これまで不可解、不可思議とされてきたすべてのことは、ついに明確で鮮明な姿を見せました。重要なのは次のことです。自分の外側に向けて発せられる例外なく誰にもわかりやすい子どものコミュニケーションことばから、内面の奥深い所に隠された、私たちの成熟した思考の構成要素そのものが入り込んでいる大人の内言へと向かう個人個人の進化論的な発達の途上で、自己中心的ことばに割り当てられた本性の地位が明確になったのです。

第6章　心理学の世界遺産——名著『思考と言語』

さあ、いよいよ私たちは「ヴィゴツキー・ランド」への旅の最も感動的な瞬間にたどり着きました。実際、彼の「主要な」本の題名を見ると「言語」ということばが二番目に来て「思考」が最初の位置に来ています。「言語」が、そのような地位になったのは、その栄誉がやや遅れてやってきたからではないでしょうか。なぜならば私たちの思考の謎はプラトンやアリストテレスの時代から、すでに頭を悩ませていたからです。それは優れた学者たちの頭だけではなく、やっと成熟しはじめた物思いにふける青少年をも悩ませているのです。トルストイ（一八八三－一九四五）の『少年時代』の有名な箇所を思い出してみましょう。

> 私の抽象的な思索への傾向は、私の中の意識を不自然といえるぐらいまで発達させてしまったので、すごく簡単なことについて考えているうちに、やがて私は自分の思考を分析するという出口のない迷路に入り込み、さっきまで私を占めていた問題はもう考えず、自分は何を考えていたのかと考えることがあった。そして私は何を考えているのか、との自問に対して、私は自分が何を考えているのかと自答するのだった。では今度は、私は何を考えているのか。私は自分は今何を考えているのか、と考えている、と考えているのだ……という具合になってしまう。頭が混乱してどうしたらいいかわからなくな

（文献14、巻1、一五七ページ）

る……。

それでは、この本のクライマックスであると同時に、ヴィゴツキーが書いた『思考と言語』の中の第七章「思考とことば」という最終章の中心点に向き合うことにしましょう。

私は言いたいと思っていたことばを忘れてしまった。
すると中身のない思想は冥界の宮殿にもどっていってしまった。

これはレフ・セミョーノヴィチが、自分の愛した詩人オシプ・マンデリシュタム（一八九一－一九三八）のことばを『思考と言語』の最終章の題字として前書きしたものです。それはマンデリシュタムの詩『つばめ』から、それぞれ別のところにある行が二つ、つなぎ合わせられています。原作では、第二行めは「盲目のつばめは冥界の宮殿にもどっていく」という対句になって響いています。いずれにせよ実のところ暗示していることは明白です。つまり思想は盲目ではなく、大事なのは、中身がないものではないということです。とするならばいったいその中身とは何でしょうか。そして思想とことばとの間の、なぞに包まれた境界はどこに引かれているのでしょうか。おそらくは大多数の人にとっては「五分前の思想」である内言の秘密を直に知りうることは、実にヴィゴツキーのこの最終章の四分の三はその研究に割かれているのですが、そのなぞに感動的な光をあててくれることになるのではないでしょうか。

一八七六年十一月、フョードル・ミハイロヴィチ・ドストエフスキー（一八二一－一八八一）は、その作品『作家の日記』の仕事からしばらくの間離れて『おとなしい女』という題名の短編小説のページを打つことにしました。この小説が彼の創作全体において、いかに例外的な位置にあるのかについては今ここでお話しすることはしません。なぜなら私たちが関心をもっているのは別のこと、すなわちこの小説の書かれた文体、それに著者自身によるこの「幻想的な物語」の具象化にあるからです。ドストエフスキーがこの本の短い前書きとして物語の主題を次のように説明しています。

> まず一人の夫を想像していただきたい。その妻は数時間前に窓から身を投げて自殺し、遺骸がテーブルの上に安置されているのである。彼は動顚《どうてん》してしまって、まだ自分の考えをまとめる暇がない。彼は部屋の中を歩きまわりながら、この出来事の意味を発見し

よう、「自分の考えを一点に集中しよう」と努めているのだ。〈中略〉もちろん、物語の過程はちぐはぐな形式をとって、途切れたり、間をおいたりしながら、数時間にわたってつづく。いま彼は、自分自身に話しかけているかと思うと、今度はまた目に見えない聴き手や、何か裁判官のようなものに話しかける、かのようなあんばいである。しかし、これは現実でもよくあることだ。もし速記者がその場に居合わせ、彼の言葉を聞いて、後から後から残らず書き続けることができたとすれば、その物語がここに提供したものよりも、いくらかでこぼこした、荒削りなものになったろうが、わたしの想像する限りでは、心理的順序はおそらく同一のものであろう。このなにもかも書きつけた速記者という仮定（後でわたしがその書きつけたものを推敲《すいこう》したとして）、これこそわたしがこの物語において、空想的と名づけるものである。

（ドストエフスキー、一九八二、巻一二、四六三－四六四ページ（米川正夫訳『ドストエフスキー後期短篇集』、福武文庫版、一九九〇年、八－一〇ページより引用））

そして次のは、主人公が自分自身に向けたことばの短い断片です。

遅かった！！！

柩《ひつぎ》の中の彼女は、なんとほっそりしていることか、あの鼻のなんと尖《とが》ったことか、睫毛《まつげ》は小さな矢のように並んでいる。いったいどんな具合に落ちたものだろう、――どこ一つ砕けても折れてもいない！　ただあの「一っちょぼの血」だけだ。つまり、デザート・スプーン一杯の量である。脳震盪《のうしんとう》なのだ。奇妙な考えだが、もし葬らずにすんだらどうだろう、なぜなら、もし彼女が担《かつ》いで行かれたら、それこそ……ああ、だめだ、担いで行かれるなんてことは、ほとんど不可能だ！　なに、それはわたしだって、彼女が担いで行かれねばならぬことは知っている。わたしは気ちがいでもなければ、決して譫言《うわごと》をいっているのでもない。それどころか、こんなに知性が輝いたことはかつてないくらいだ、――しかし、また家にだれもいなくなるのに、いったいどうしろというのだ、またしても二つの部屋、そしてまたしても、わたし一人が質物に囲まれて。譫言、譫言、譫言といえば、つまりこのことなのだ！　わたしは彼女を苦しめたのだ、それなのだ。

（同前書、五〇〇ページ、同前邦訳書、九一－九二ページより引用）

この断片を真の内言の完全な例としてみるか、あるいはその芸術的な代用品とみるかどうかについて話を先に進めましょう。そして、この『おとなしい女』が書かれた時代に、もしヴィゴツキーと同時代の心理学者が、率直に言って真実からは程遠い理解にとどまっているとしたら、目からは隠されて見ることができない内言というこの現象について何を知りえたでしょうか。「私は暗記した詩を暗唱することができる。でも私はそれを頭の中だけで再生することもできる。このような場合、私の内言は外言とは違っていて、それは例えて言えば、鏡に映った事物が実際の事物と違っているのと同じである」と、まさにフランス学派において内言はこのようにみなされていたのです。

それに対して内言の解釈には別の説もあります。それはすでに私たちも知っている定式で、内言とは「話しことばから音声を引いたもの」とする考え方です。たとえば何人かの研究者たちは内言を、通常の構音を失った外言であり、私たちの音声なしの思考活動に同伴しているものとして提示しています。しかしヴィゴツキーが正しく指摘しているように「発声化の有る無しそれ自体は、我々に内言の本性を説明している理由にはならず、むしろその理由から生じる結果である。」（文献3、巻2、三一六ページ）

ではいったいどのような理由なのでしょうか。この不明瞭な問題に取り掛かるためには、純粋な自己内観は少なく、より多くの実験的資料が必要なのですが、客観性を保つ点でこの領域はぴったりと閉ざされていました。ヴィゴツキーがこの問題に対して自分の得意とする発生論的方法を用いる時まで、ということになりますが。それはすでに私たちは彼の他の研究資料によって部分的に知っている方法です。

　実際もしそれぞれの心理機能が自らの前史、自らの個別的な生起や発達の道筋をもっているのだとしたら、それなら内言にもそれなりの、人間生命が誕生したその日の「朝」から生えた根がないはずはありません。しかし方法は方法であって自己中心的ことばと内言との間の発生的な相続関係を見極めるためには、ヴィゴツキーの天才的な推理がさらに必要でした。それはまさにピアジェが見落としていた点でした。私たちの意識のきわめて複雑な機能の一つを理解するためには発達という考えがここでも鍵となりました。そして、この糸口はその後ろに残りすべての毛玉を引き連れているのでした。

　もしこの自己中心的ことばの運命が無に向かう退去であるとするなら、不明瞭さとか縮小性等といった構造的な特徴は年を追うごとに増加していくのではないでしょうか。すると自己中心的ことばの数が次第に減少していく事実は何を示しているのでしょうか。事実七歳までは、自己中心的ことばの例の特別な性質が増大しながらも、やがてそれ自体がゼロになってしまうのはどうしてなのでしょうか。

ヴィゴツキーは次のような問いかけをしています。「いったい何が減少するのであろうか。自己中心的ことばの減少は、このことばの特徴のたった一つだけ、まさにその発声化や音声の減少ということ以外、何も語ってはいない。このことから発声化と音声の消滅は自己中心的ことば全体の消滅と同じであると結論することができるのだろうか。〈中略〉三歳では、この自己中心的ことばとコミュニケーションことばの差はほとんどゼロである。七歳児で我々の前に見えるのは三歳児の社会的ことばとは、ほとんどすべての機能的、構造的な特徴がちがっている言語である。この事実の中にある現象は**二つの言語機能の分化が年齢とともに進行していくこと、共通している未分化な言語機能から、自分のためのことばと他人のためのことばが分離していくことである。**幼時期、これら二つの役割はほとんど同じ方法で遂行されているのである。」(文献3、巻2、三二二ページ)

これがヴィゴツキーのたどり着いた結論です。その先はすべてがまるでひとりでに整列していきました。もし子どもの「自分のためのことば」が自分自身の行動の間接的な統制をし、その後は、声に出した思考がそうするとするならば、子どもは発音するまでもなく、もう知っている長々とした展開されたフレーズを口で言う必要などがあるでしょうか。このようにして次第に個々の単語や言い回しをそっくり省略していく傾向が生じます。そして自己中心的ことばは一見しただけでも実際に浅くなり乏しくなっていくように思えます。でもこの外面的な減少は実のところ、子どもがことばによって考える前進中の能力であり、それらを発音することの代替なのです。そして頭の中でことばの像を操作することは、ことばそのものの代替なのです。

　したがって、その分離の瞬間から自己中心的ことばは、本質において結局のところ音声を捨てる言語としての運命をもち、自らは消滅するという錯覚を生み出しています。でも、まさしくそれは錯覚です。地下を流れる川は川であることをやめたわけではありません。それはただ別の生命になり、自分の存在の形を変える方法を手に入れただけなのです。すると内言とは、消えた自己中心的ことばがあたかも別の生命になったようなものです。「自己中心的ことばの数がゼロになることを自己中心的ことばの消滅の印と考えることは、子どもが指を使って数えることをやめ、声を出しながら数を数えることから頭の中で数えることに移るその時期を、数を数えること自体の消滅と考えてしまうことと全く同じことである」、とヴィゴツキーは書いています（文献3、巻2、三二三ページ）。

＊　＊　＊

しかしながら直接観察することができないとするならば、この地下に流れている川について、どうしたら私たちは知ることができるのでしょうか。ここでもう一度ドストエフスキーの例の小説を開いて主人公の内的な独白が、どのようになされているのかよく見て確かめてみましょう。そこでは私たちは主語を見出すことができません。あるのは述語だけなのです。そしてかろうじて何とか主語を感じとれるものといえば、次のようなまるであまり重要とは思われないものがあるだけです。「遅かった！！！」「いったいどんな具合に落ちたものだろう、――どこ一つ砕けても折れてもいない！」「奇妙な考えだが、もし葬らずにすんだらどうだろう。」「わたしは彼女を苦しめたのだ、それなのだ。」

そうです、偉大な芸術家の直感は『おとなしい女』の作者を裏切りませんでした。そしてその後明らかになるように、事実彼は真実の内言に近づくことに成功しました。もちろんすべてではありませんが、小説とは同じような鍵があって書かれるものであるし、別な補足をするとすれば、その半分は読者にはわからないままなのです。でも、もし読者に多くのことを説明しなければならないとしたら、それも何も隠すところがないほどに、そうだとすると一人ぼっちで自分と話している人に自分の思考の対象をどのようにして意味づけるかということになります。実際、私たちは、他の誰であったにせよ、他人より自分で考えていることをよく知っていますね。こうして内言の完全に特別な性質が生じます。その性質とは述語性であり、現実との相互関係的な、文の「実働的な」側面、つまり述語を強調するという性質です。

でもみなさんは、ヴィゴツキー自身がどうやって「思考と言語のその側面」について読み解くことができたのか問いたいでしょう。自分の唯物論的な方法論に忠実だったヴィゴツキーは同じ源泉からすべてを汲み取りました。それは、私たちすべての人間の故郷と呼ばれる感謝すべき子ども時代という国です。ある条件下においては、構造的に内言と似ていて、自分が見出したささいな事を確認するための有力で、生き生きした日常のことばの中から、ヴィゴツキーはそれを発見したのです。とりわけ、トルストイにおいては理解の心理学について集中的な関心が見られます。「誰もが、彼（死にかかっている夫の兄）が言ったことを聞きとれなかったが、ただ一人キティだけは理解していた。彼が求めていたことをキティは頭の中でずっと考えながら追いつづけていたがゆえに、キティは理解できたのである。」そしてヴィゴツキーは、さらにこう付け加えています。「死にかかっている人の思想を追い続ける彼女の頭の中には、他の誰にも理解できなかった彼のことばに結びつく主語がはっきりと存在していたのだろう。」（文献3、巻2、三三四ページ）

　でも実を言えば、このような暗示された主語は他のもっと日常的な場面でもしょっちゅう登場します。そのような時、発言の対象が誰であるかは、その場に居た者には疑う余地なくわかっているのです。事実「おなかはすいていますか」と尋ねられた場合、私たちの誰も「はい、私はおなかがすいています」という正しく長い完全な文で答えようとはしません。ただ単に「すいている」とか、「すいてないよ、ありがとう」と言います。また全く同様にバス停で待っている人々は、短い単語「来た」でバスが近づいたことを伝え合います。「構文における単純化、構文的文節の最小限化、凝縮形での思想の陳述、ごく少数の単語数、これらはすべて、外言においては一定の条件の下でないと現れない述語化傾向を示す特徴である。」（文献3、三三五ページ）

　これらの特色がもっとはっきりするのは、時々そういう場合も見られるというのではなくて体系的に見られるとき、つまり子どもの自己中心的ことばにふつうに現れるときでしょう。それは自分自身に向けられたものであり、その時自分がしていることを打ち明ける義務は負っていません。だが分けて、それが自分自身に向けられたものであったとき、そのことばは内的な機能を獲得しています。たとえば、それは子どもが活動中に何らかの支障を取り除こうとするような場合です。

無数の記録が示しているように、自分で知的な意味づけをしなければならないような、実験的につくられた妨害にぶつかると、子どもは頻繁に短縮化を始め、それに関係のある主語を凝縮し、自分のことばを一つの述語になるように調整します。そして学齢期に近づけば近づくほど、自己中心的ことばの、このような述語化傾向は強くなります。つまり陳述の断片性と、つながりの欠落、電信化傾向、単語の省略、文の短縮化傾向が強まります。ヴィゴツキーが述べていることに従えば、それは「我々の実験すべてにおいて、厳密に、ほとんど例外を見ることがないくらいの規則性と法則性をもって示された。したがって我々が書き込み法を用いている限りにおいて純粋で絶対的な述語化を内言の主要な構文法の形として推測すべきである。」（文献3、巻2、三三三ページ）

しかし内言について、ことばとしての物質的な根源からの解放、そこから自由にするにはまだまだ程遠いのです。かつてピアジェが指摘したように私たちは自分自身をことばで確信することができますし、またそれゆえ証拠を求めたり、自分の思想を論拠づけたりする技能は私たちの思想が他人の思想とぶつかる過程でもっぱら生じるのです。別の言い方をするならば私たちは自分自身を暗示や半句によって理解しています。ところが御存知のように「半句」はコミュニケーションの過程でも、時々あるのです。ヴィゴツキーは『アンナ・カレーニナ』から広く知られている対話場面を引用しています。それはリョーヴィンとキティが頭文字だけを使って石盤に暗号のように書かれたことばを声に出さず誤りなく完璧に告白している場面です。

…彼女は頭文字を書いた。「あ、あ、わ、く、こ、で、そ、ゆ、く、こ、で」その意味はこうであった――（あなたが、あのときのことを、わすれて、くださる、ことが、できたら、そして、ゆるして、くださる、ことが、できたら）彼は緊張したふるえる指でチョークをつかみ、それを折って、つぎのような意味の頭文字を書いた――（わたしには、なにも、忘れるの、許すのということはありません。わたしは、依然として、あなたを愛しているのです）――「わかりましたわ」と、ささやくように彼女はいった。彼は腰をおろして、ながい文句を書いた。彼女はもう、こうですかなどときかないで、すべてを理解し、自分でも、チョークを取りあげてすぐに返事を書いた。彼には長いこと、彼女が書いたことがわからなかったので、しばしば彼女の目をのぞきこんだ。彼の頭は、幸福のためにうっとりとなっていたのである。彼は、どうしても、彼女の意味したことばを思いあてることができなかったが、彼女の幸福に輝いた美しい目のなかで、彼は、自分の知らなくてはならぬことはみんな知った。で、彼は、三つの文字を書きだした。ところが、彼がまだ書き終わらないうちに、彼女はもう、彼の手つきでそれを読んでしまって、しまいのほうは自分でおぎなった。そして「ええ」という返事を書いた。これだけの会話で、彼らのことばは残らず話されてしまった。彼女が彼を愛しているということも、彼が明日の朝あらためて出かけてくることを両親に伝えておこうということも、何もかも話されたのであった。

（トルストイ、文献14、巻8、四二二－四二三ページ（トルストイ、中村白葉訳『アンナ・カレーニナ』、柴田義松訳『思考と言語』新読書社、二〇〇三、四〇〇－四〇一ページより転用）

このような暗号化された告白、それは「セクレティエール」と呼ばれる、単語の出だし音だけで全文を言いあてる上流貴族社会の遊びに出発点がありますが（実はこれを使ってトルストイ自身も自分の将来の妻に告白しました。）、それは、意識の方向性が同じである場合、頭文字一つでも良好な理解にとって十分な、最小の言語信号になりうるということを私たちに物語ってくれます。でも実はひたすら自分の絶対的な限界に至る、同一方向に向かう意識は私たちの内言にも存在していて、ヴィゴツキーの表現によれば私たちは内言としてセクレティエールをしているのです。その際、ヴィゴツキーはスイスの心理学者A・ルメトル（一八七二－一九二一）のことばを引き合いに出しています。ルメトルは始まったばかりのころの内言を再構成しようとして、未成年者において外向きに発音されない単語の縮小化傾向を明らかにしました。ヴィゴツキーは次のように書いています。「内言では単語を最後まで発音する必要は全くない。我々はすでに自身の意向によって、どの単語を発音しなければならないかを理解している。」のであるから「音声的側面の退化は一般に常にありうる。内言は正確な意味において、ほとんど単語のないことばである。」（文献3、巻2、三四五ページ）

しかしこれでもまだ、人間精神の領域のうち最も隠れたところにある「希薄な層」に、私たちが潜っていく過程の最終段階には至っていません。実に私たちが扱うことばは、誰にも共通して理解できる「意義」ないし、「意義の総体」、それらは詳解辞典やその他の辞書に示されていますが、その「意義」を獲得するだけではなく、その「意義」に折り込まれている個人的な「意味」も獲得します。その際、辞書上の「意義」がもっている相対的な固定性や一定性とちがって、ことばの「意味」とは、二つとない個人的な文脈の中でのみ本格的に見えてくるのです。

たとえばS・オジョコフの辞書で「遅れる」という概念は「求められていたよりも遅く着く（何かをする）」と説明されています。そしてこの概念の意義は、あらゆる状況やあらゆる面において有効です。でも考えてみてください。求められていたより遅くなるのは私たちがショッピングに行く時のバスの到着ばかりではありません。飛行機で出発するために空港に向かう時にもありえます。またさらに、みなさんにとって偶然出会った人でも、見知らぬわけでもない人、むしろ親しい誰かが約束した時間に、何かの都合や健康上の理由で遅くやって来た時など不安に思ったこともおありでしょう。これらの「意味」の違いはたぶんとても大きくて、それは他でもないあなた御自身が、この遅刻に込めた具体的な「意味」で決められているのです。それゆえ「意味」は常に流動し、それは必ずしも完全に「意義」に同伴してはいるとはかぎらず、そのことから、私たちが用いる生き生きした外言においても、そして内言の場合はほとんど常に、複雑に転意した慣用法が派生するのです。

J・ロンドン（一八七六‐一九一六）の小説『マーティン・イーデン』の最終章では、その主人公には、マーティン以外の他の誰にも何も話していないのではない、あるフレーズが執拗につきまとっています。そのフレーズとは「あのときのこと」です。少しずつ生じてきたのですが、予期せず、ほとんど偶然にマーティンにふりかかった文学的な栄誉に囲まれているうち、それがごく最近まで脱落者で被圧迫者であったこの主人公マーティンの悲しみの焦点となり、その悲しみを彼は、彼と会うことを懇願する地元の上流階級との交流からも、彼の話を聞くことは望んでもいない親類からの招待からも、また彼自身の両親の圧迫下から彼を奪い取り、かつて自分を溺愛してくれたルフィ・モルスの呼び戻しからも味わうのでした。

「つじつまが合わないではないか。食事の欲しい時には誰もくれなかったくせに、いくらでも手に入って、食欲をなくしている今になって、あちこちから無理やり押し付けられる。これはどういうことなんだ？　これでは正義なんてあったものではないし、自分に得な面《メリット》など何もありはしない。自分は一つも変わってはいない。自分のやった仕事はすべて、あの頃にすでに成し遂げたものなんだ。モース夫妻は、自分を怠け者や横着者と言って非難し、ルースを通じて、どこかの会社に事務員として就職しろとせき立てた。」（辻井栄治訳、決定版ジャック・ロンドン選集四、本の友社、二〇〇六、二九八ページ）

「そんなものは、すでにやり終えた仕事なんだ！」とマーティンはいつものように考えた。そしてバーナード・ヒギンズ・ボサムズ・キャッシュ・ストアの、よい店員である自分の姉の夫の向かい側に座って愛想笑いをするのだった。「あのときには、就職しないからといって、俺にひもじい思いをさせ、家への出入りを禁じ、悪態をつきやがった。仕事なんかもう終わっちまったんだ、何もかも。今はどうだ。」

（同書、二九九ページ）

こうして罪のない話の落ちは、自らのうちに主人公の暗い沈思を蓄積し、次第しだいに深い複雑な意味を満たしていきますが、それはもうすでに三つの単語でも三十三の単語によっても伝えることは不可能であり、それは彼と、彼がさげすんでいるブルジョア社会とをまだ結びつけている最後の留め金を病的に失っていくことによって意味づけられると言えるだけです。

内言としてヴィゴツキーはこの結びつきを書いていますが、単語というものは常に外言よりも多くの意味を負わされているものなのです。それはまるで同心円的に凝固している塊のようなものです。「……我々は常にあらゆる思想、感覚そしてさらには完全な深い判断でさえも、たった一つの名称によって表現することができる。しかも、もちろんのことであるが、複雑な思想、感覚、判断のための、このたった一つの名称の意味は外言としての言語には翻訳できないもので、その単語の通常の意義とは通分することができないものである……。」（文献3、巻2、三五二ページ）

そしてここから「下書きの問題」が生じます。それは内言から外言への翻訳のことです。この問題は私たちの誰もが一日に何百回となくぶつかる問題であり、自分のことばが終わりかけた時、思い浮かんだことを何とか良いように伝えようとする、とりわけ自分が「紙に書いたものにたよらないで」発言しようとしている時にぶつかる問題です。その下書き原稿として私たちの役に立っているのは本質において内言です。その場合「下書き」から「清書」への道は単なるその音声化、発声ではなく「意識の流れ」の点線から、構文法的に分解され誰にも理解しうる発言へと転換していく変形化や再構築化（現代の私たちが言う、再コード化）なのです。

さらにここでヴィゴツキーは、内言が思想そのものに関して占めている地位を略述しようとして、もう一つの「内面に向かう一歩」を進めています。でも彼と一緒にその一歩を踏む前に、用いられた方法を少し見てみましょう。

彼は子どもたちの初語から始めました。それはまだ、ほとんど子どもの思考と結びついていないものですが、その一方では、ことばはなくても乳幼児や類人猿に見られたように言語以前の知能は働いています。ことばが思考のための材料や食物となるようになるためには、ことばは、発達の初期段階においては分かちがたく結びついている行為や事物から分離して、それらの代理をする記号とならなければなりません。まさにその瞬間からのみ、そのような資質を得てのみ、すなわち主として実際的な道具（たとえば何か欲しいものを取るための手段）から、記号的な武器へと転換した後でのみ、ことばは「操作的な自由空間」に入り、先行する世代の知識や経験に子どもたちを参加させるという自らの大きな使命を遂行しはじめるのです。

イギリスの心理学者バジル・バーンスタイン（文献7、五〇三ページ参照）には、次のような見解があります。それによりますとヴィゴツキーの科学的な貢献と、その後の研究のおかげで「社会的始点と生物学的始点が連結する」というヴィゴツキーが発見した視点は遺伝学的なコードの解読に負けず劣らず意義が深いのです。実際、遺伝学的なコード、それはDNAのチェーンにおけるヌクレオチドの配列のみならず、成長や成熟に応じて段々と開かれていく生体発達のプログラムなのです。そして高等動物について言えば、同時にこのプログラムは変化に富んだ生息環境の複雑な条件下での、その行動をも定めています。

しかし人間のことばと社会的行動のマトリックスは遺伝学的にプログラム化されているわけではありません。人間の言語器官と、言語活動に責任をもっている脳の構造だけが、プログラム化されているのです。そしてやはり次のようなプログラムも存在していますが、それは人間の外側にあるのです。そのプログラムとは私たちの言語体系ですが、さらに広い次元で言えば、何千年もの間に蓄積された人間文化とそれに相応する記号体系、つまり文化がコード化された記号のシステムです。でもそのような他人のものが自分のものとなるためには、すなわちそれが個人の意識の中で立ちあげられ起動するためには、その他人のものは進入チャンネルを得なければなりませんし、一方、個人の方は、そのチャンネルを利用することが可能になる道具を手に入れなければなりません。ここで、そのような道具の役割を果たすものとして登場するのが、自らが新たに獲得した記号またはシンボルとしてのことばであり、かくてそれは成長しつつある子どもの思考の武器となっていくのです。

そうなのです。そしてこれこそがヴィゴツキーの理論的な台座の礎石の一つをなすのですが、「思考の木」と「言語の木」は別々の根にその始点があり、別々に、互いに無関係の路線を発達していきます。でもこの二つの路線が一旦交わると言語は思考を改編します。

しかし、この危機的なモメントの経過後も、思考と言語はそれぞれのわずかばかりの独立性を保っています。その証拠の一つは日常語においても、文学のことばにおいても意味的側面と語彙上の側面との不一致があることであり、論理的主語（述語）と文法的主語（述語）の不一致が起きることです。

ぼくは悲しくぼくたちの世代を見る
その未来は空虚か暗い
（福住誠訳『レールモントフの数奇な運命』新読書社、二〇〇三、二〇一ページ）

もしも小学校五年生の誰かに、この対句の最初の行で、主語はどれか、述語はどれかと尋ねたら、その子は迷うことなく主語は「ぼく」で述語は動詞の「見る」だ、と答えるでしょう。しかし、この句の内容をよくよく見つめさせたならば、その意味的な構造は文法的な構造と違っていることがはっきりわかります。実際ここで作者レールモントフが語っているのは自分自身のことではなく、自分の世代すべてについてであって、その運命が悲しいのです。したがってまさに「世代」が心理学上の主語で、同様に「悲しく」が述語になります。

「思想の文法」、この点に関してヴィゴツキーが述べているところによれば、それは「ことばの文法」に一致していません。「ある意味においてそれらの間には調和というよりはむしろ矛盾が存在するということができる。」（文献3、巻2、三〇七ページ）だがこの「すき間」は、全くもって私たちの言語体系の不完全さや不要な出費を意味するものではありません。反対に、思想からことばへ、ことばから思想へという運動が常にあるからこそ、もろいけれども真なるそれらの統一が生じるのです。なぜならば思想からことばへの関係は事物ではなくプロセスであり、そこでは思想が話しことばに転換しながら改革され、形を変えることができますから。

しかし外言が思想のことばとしての客体化と具体化であるとするならば、外言から内言に移行する際、私たちはちょうど逆のプロセスをとるでしょう。つまり「話しことばが思想に気化する」のです。ただしこのイメージをあまり文字通りに解釈すべきではありません。もちろん話しことばは気化などしませんし「澄んだ空気」中に溶け出して見えなくなってしまうこともなく、しかも内言はやはり言語つまりことばと結びついた思想であるのです。

しかしその結びつきはまだ不安定なものです。ヴィゴツキーは書いています。「内言は、ほとんどの部分、純粋な意義による思考である」が、それゆえ内言はその極端な、より形式化した両極に向かって、つまり思想にか、ことばにかに向かって必然的に引き寄せられるのです（文献3、巻2、三五三ページ）。それは両岸の間を流れ行き、絶えず一方から他方へ、他方から一方へと打ちつけながら気ままに過ぎていく急流のようです。その流れにおいて多少とも形式化された、ことばやフレーズの島がひっきりなしに生まれ、それは瞬時にしてその影と入れ替わります。でもまさしくこの急流は、つまるところことばを思考に、そして思想をことばに参加させています。

それではいったい思想とは、それ自体何なのでしょうか。それはある種「自身の中の物」のままなのです。もっともヴィゴツキーは思想のためにすばらしく美しい公式を見出していますし、今日では教科書や論文で多くの著者によって何度も引用されているわけですが。

彼は次のように書いています。「あらゆる思想は、何かを何かに結びつけ、何かと何かとの間の関係を築こうとする。あらゆる思想は運動、流れ、展開をもっていて、一言で言い換えるならば、思想は何らかの機能を遂行し、何らかの仕事をし、何らかの課題を解決する。この思想の流れは内的な運動として、さまざまな次元を介して思想からことばへの、ことばから思想への移行として行なわれる。」（文献3、巻2、三〇五ページ）

このことは思考の活動が不成功に終わってしまったような場合、ドストエフスキーが言っているように「思想がことばにならなかったような場合」にこのことを確信させてくれます。

どのように心は自身を語るのか？

他人はどのように君を理解するのか？

かつてF・チュッチェフ（一八〇三－七三）は問いかけました。でもヴィゴツキーはもっと月並みな、でもあまりドラマティックではない例、つまりG・ウスペンスキー（一八四三－一九〇二）の『ある無精者の観察』に向き合いました。そこでは読み書きのうまくできない農民代表者が自分を悩ませる巨大な、だが自分の乏しい言語には入ってこれない思想のためのことばを見つけられずに苦しんでいます。

―オレは貴様、我が友に、こう言いたいんだ。それほど秘密にしておこうというんじゃないんだ。我が兄弟には、ことばってやつがないんだ……オレが言うことは、まるで思想にしたがって出てくるんだが、ことば無しというわけにも行かねえんだ。

そしてさらに本質的には、思想家や詩人たちのことばの苦しみと何も違わない、ことばの苦しみが始まります。

もしもオレがだ。たとえばオレが領地に行くとするならば、オレは領地から出たのだから……領地から。もしもオレが領地に入るとすれば、たとえば反対に、いったいどんな一族がオレから土地の買い戻し金を取ることができると言うんだ。

——あーあーわれらは嬉々として声をあげた。

——今に見ていろ。そこでまたことばがいることになる。〈中略〉——ここで彼は立ち止り、生き生きと発声した。——魂を誰がお前にくれたのだ。

——神だ。

——まったくだ。よろしい。今度はこっちを見ろ……

私たちは見る用意ができていた。だが農民代表者は再びエネルギーを失って口ごもり、両手で腰のあたりを打ち、ほとんどすてばちになって叫び声をあげた。

——いいや、何もしていないじゃないか！　みんな、そっちじゃない……ああ何ということだ！　そうだそこでオレはそれだけでも言っておきたい。そこで、どこからでも言わなきゃならないのだ！　そこで魂について言わなければならない、たとえいくらかでも！　だめだ、だめだ！　（ヴィゴツキーによる引用、文献3、巻2、三五四ページ）

そして最終的にこれらの高尚な話を失い、この「意気消沈した頭脳」は「神が彼に概念を与える」ようにと、森の中で聖者に祈りをささげ始めます。

「……すると中身のない思想は冥界の宮殿にもどっていく」……なぜヴィゴツキーがマンデリシュタムからこの一節を選んだのか、筆者にはよくわからないのですが、思うに盲目のつばめは、彼の意識の中のどこかに住んでいたのでしょう。なぜならば思想はことばとしてのみ見えるものとなり具現化されるからです。そしてことばもまた思想の肉体になぞらえることができるのです。

かつてR・シューマン（一八一〇－五六）が記したように、楽譜に書き留められているものだけを本物の音楽とみなすことができます。だが唯一音楽的な思想のみならず、ありとあらゆる思想はみな、その完成型であるその「肉体」をもっていて、もっぱら共役するさまざまな記号システム、つまり数学の記号、音楽の記号、言語記号、等をもっています。そしてその中には自分の内面ではありますが、語られた記号もある。だが実際に、それはウスペンスキーの農民代表者の危機的な、恵まれた運命を手にできなかったような一定の文化的体験も一定の知的努力を必要としているのです。

本の最後の部分では次のように語られています。「我々が到達したことは、ごくわずかのことばで表すことができるだろう。我々が見出したのは思想からことばへの関係が、ことばにおいて思想が生まれる生き生きした過程であるということである。思想を失ったことばは何よりもまず死んだことばである。詩人は次のように語っている。

荒廃した巣にいる蜜蜂たちのように
死んだことばはいやな匂いがする。

しかし、ことばとして具体化されていない思想も（弱々しい）影のようなものであり、別の詩人[2]が言っているように〝霧、音、窪《くぼ》地〟のようなものである。ヘーゲルは、ことばを、思想によって活性化される存在と見なした。この存在は我々の思想にとって必要なのである。」（文献3、巻2、三六〇ページ）

原注（2）「別の詩人」について。この引用に関してV・P・ジンチェンコが指摘しているところによれば、ヴィゴツキーは意識的にこれらの詩行の作者の名を出さないようにしている。それは銃殺刑に処されたN・グミリョフと不興を被ったO・マンデリシュタムであるが、検閲のでたらめさを考えてのことであった。残念なことに、六巻本のヴィゴツキー選集に含まれている『思考と言語』も事実の歪曲を脱することができなかった。「だがことばとして実現化されなかった思想は〝冥界のままである〟」（詩人のは、〝優しさのままである〟）「霧、音、光（シャーニィエ）」（詩人においては、〝窪地《くぼち》（ジャーニィエ）〟である）。後者の間違いは、出版社の誤りである（ジンチェンコ、一九九六）

第7章　優しい父親ヴィゴツキー

『思考と言語』の最後の章は軽いめまいなくして読むことはできませんね。それだけみなさんには、私たち人間の「知的な地獄」の流動する深みに触れたという感覚が浸透し、それに魅了されたことでしょう。ヴィゴツキーの思想の前進運動が強い感銘を与え、それは私たちの目の前で「個体発生のはしご」を築いてみせてくれましたが、そのはしごとは、反応的な存在だった子どもが自らの心理を獲得していき、知性的な個人へと進む途上で、その都度乗り越えていくはしごなのです。そして子どもたちがそれに成功しているということは何とすばらしいことなのでしょう。モーツァルトがその「レクイエム」をつくりあげていったように。実に一歳半そこそこの子どもが、です……。

ここで雑誌『本とプロレタリア革命』第四号、一九三四年、を開いてみましょう（当時まだ『思考と言語』は出版されていませんでした）。その中にはP・ラズムィロフとかいう人物の記事が載っています。ラズムィロフとは何と象徴的な名前でしょう［「ラズムィスリーチ」というロシア語の動詞は「熟慮する・思索する」という意味で、姓としては「熟慮氏」「思索氏」といった感じになる＝訳者］。その論説は「ヴィゴツキーとルリヤの『心理学の文化・歴史理論について』」というものです。その断片を少しここで紹介してみましょう。

「心理学の文化・歴史理論はまだ生まれたばかりであるが、それはすでに理論的前線の心理学戦区に大打撃を与えた。〈中略〉プロレタリア独裁と社会主義建設の条件の下で、子どもの自己中心的思想の漸次的根絶の過程を明らかにする代わりに、ヴィゴツキーとルリヤは自分たちの〝エチュード〟の中で（これは『人間行動のためのエチュード』一九三〇年のことを指す＝原著者）、自己中心性と子どもの階級的な環境からではなく、子どもの生物学的な本性から取り出して引き回している。〈中略〉ヴィゴツキーは反動が誰の幸福に向かっていくのかについて関心がない。彼にしてみれば、教育過程の心理学的な本性はファシストの教育でもプロレタリアの教育でも一緒なのだ……。」（文献1、一〇七ページ）

「反動が誰の幸福に向かっていくのか……」、これは当時このような非難がもっていた意味を忘れていたならば、悪意あるパロディとして受けとられたかもしれません。当時クレムリンの会議でスターリン（一八七九－一九五三）によってN・I・ヴァヴィーロフ（一八八七－一九四三）に投げつけられた次のような不気味なレプリカを知らなかったならば。「これはあなた、教授、そのようにお考えなのですね。しかし我々ボルシェヴィキは違う考えなのです」。そして事実レフ・セミョーノヴィチ・ヴィゴツキーもこのような『批判』に答えなければなりませんでした。それは文化・歴史理論に関して引用した先の記事の表題のように、『括弧つき』にしなければならないのは今日でも全く同じなのですが。個人所有している古文書資料には、これと同じようなテーゼに対する答えがざっと書きつけられた用紙が散逸を免れています。

しかしヴィゴツキーの立場の不条理と悲劇はさらに次のことによっても激化しました。それはつまり自分の仲間から、すなわち同僚であった児童学者たちから、形式的には彼自身も児童学に属していたことになりますから、その仲間から矢が飛んできたのです。この学派の最も熱心な「空論家」の近視眼的な狂信性についてコルネイ・チュコフスキーは『2歳から5歳まで』という本の中で語っています（十二ページ参照）。ところでレフ・セミョーノヴィチ・ヴィゴツキーは、彼自身にとって児童学がもつ本当の価値を知らないままでいられたでしょうか。やはり毒矢は的に達し、病にして彼を苦しめました。ヴィゴツキーの教え子であったＢ・Ｖ・ゼイガルニク女史（一九〇〇－八八）の証言をＭ・Ｇ・ヤロシェフスキー（一九一五－二〇〇一）が書き留めています。それが次の文です。「彼はソビエト心理学を創った天才です。彼は理解されていませんでした。私は覚えています。彼は追いつめられた野獣のように部屋中を走り回り、言いました。『もしも党が私をマルクス主義者ではないと見なしているのならば、私は生きることができない』と。もし望んだならばヴィゴツキーは本当に自殺したかもしれませんし、私に言わせれば、彼は自分が生きないように、生きないようにすべてのことを行なっていきました。彼はわざと治療を受けませんでした。」（「ロシアにおける心理科学」一九九七、二一八ページ）そして結核による感染、マルクス主義による感染……。

でも、幸せなことに別のサークルの仲間もいました。なによりもそれは学究的な若者、学生、芸術的インテリゲンツィアのグループです。そこでヴィゴツキーは愛を享受しましたし、そこでは理解されていました。たぶん彼の人格スケールの大きさに共感が集まったのでしょう。映画監督Ｓ・Ｍ・エイゼンシュテイン（一八九八－一九四八）は次のように書いています。「私はこの奇妙に短く刈り込まれた髪の変人が大好きだ。彼の髪はチフスか何か他の病気になってからパーマのように伸びたのだろう。病気になった時、頭を剃ったのだ（レフ・セミョーノヴィチ・ヴィゴツキーは子どものころから夏になると頭を剃る習慣があった。＝原著者）。この不可思議に撫でつけられた髪の下から、我が時代の最も輝かしき心理学者の目が、気高き明澄さと明晰さをもって世界を見てとり。」（文献１、一五二―一五四ページ）直弟子や学生たちについて言うならば、彼らにとってヴィゴツキーは偶像でした。その際、最も強く心ひかれたのはヴィゴツキーの何であったのか、つまり彼の才能の輝きと豊かさであったのか、それとも善良さ、親しみやすさ、持続的な仕事能力だったのか、それは定かではありません。

ヴィゴツキーがその短くも、たとえ公認されたものでないにしろ栄光の頂点にあった時に、このようなあか抜けしない特徴を手つかずのまま、どうして保っていられたのか言うことは難しいです。でも事実、彼は誰に対しても拒否することができませんでした。彼の時間や注意を封じ込めようと企てる者は掃いて捨てるほどいたにもかかわらず。

一九七六年、Ａ・Ｒ・ルリヤは次のように回想しています。「ヴィゴツキー先生が仕事をしていた状況は他の誰にもありえないものでした。というのは存命中すでに彼は非常に有名でしたし、彼の所にいろいろな人々がやって来ても彼は拒みませんでしたから。彼の家は朝から晩まで常連客で一杯でした。その後、彼はレニングラードとハリコフに定期的に出かけ、まったくいつ仕事をしているのかわかりませんでした。」（文献1、一二七ページ）

しかも実際には、さらにいろいろな種類の社会的責任を果たし、子どもに関わる問題に取り組んでいます。この時代と切り離すことのできない委員会が、いくつもありました。教育人民委員部に附属する国民教育に関する委員会から、モスクワ市フルンゼ地区の国民教育課の委員会までです。フルンゼ地区の代議員にも選ばれたのですが、彼はむしろそれを誇りにしていました。

ヴィゴツキーの「創造的な方法」の特徴は、彼の人柄である疲れを知らぬ性質の為せる結果だったのでしょうか、そしてそこにはそうせざるを得ない必然性があったのでしょうか。

そしていったいこのような「シャトルのような」外での仕事、つまりモスクワ、レニングラード、ハリコフの大学での講義、それも一度に三つ四つの研究施設をかけもちするような仕事に彼を駆り立てたものは何でしょうか。周知のようにレフ・セミョーノヴィチの人生の最後の数か月は、新たに設立された全ソビエト実験医学研究所に用意された、心理学部門長というポストに少し上機嫌でいたように思われました。病の加減は悪化の一方でしたが、それにもかかわらず彼は喜び快活になり、将来に向けて計画を立て職務規定や予算案を作っていました。はじめ彼の前にかすかに見えていたのは、一つ屋根の下に「突撃隊として」当時まで育ててきた多くの自分の教え子を集め、自分の頭の中でずっと以前から成熟させていた研究プログラムを展開していけるという見通しでした。

　でもこれは、はっきり言えるかどうかわかりませんが、そのころまでに彼はさまざまな条件を奪われたり、心理科学における責任ある地位やランクからはずされていたのではないのでしょうか。それとも、これらの彼がしたすべての「同時多発労働」はただ自分の小さな家族を養う手段だっただけなのでしょうか。S・スチェパーノフは、ヴィゴツキーの話を直接聞いたというある女性の話を引用していますが、それは学生たちが自分たちの敬愛する先生の貧しい身なりにどんなにびっくりしたかについて回想しているものです。講義に行くとき彼はかなりすりきれた外套を着、その下には安いズボン、両足には厳寒の真最中なのに浅い靴が見えていました。それも結核の病人が、です！「いつも講義室は満員で、窓側に立ったままで講義を聴く人もいました。教室をゆっくり歩きながら両手を背中で組み、やせぎすのスラリとした人間が不思議なほど生き生きと目を輝かせ、青白い頬には病的な赤みがさし、穏やかな、落ち着いた声で、聴講者に自分の一つ一つのことばをかみしめるようにして、人間の精神世界に対する新しい見方を伝えました。それは次の世代にとって古典としての価値を有するものでした……。」（文献16、二七九ページ）

* * *

しかしもっと別の場所、人にじゃまされない静かな研究室でするべき仕事をしていたのでしょうか。おそらくそうではなかったでしょう。なぜなら彼は周囲の者にとっては百万ワットの思想発電機であったばかりではなく（有名な「八人組」の一人A・V・ザポロージェッツは後にヴィゴツキーを活火山にたとえています）、周囲の者たちが逆にそのエネルギーを、そしてその愛までも彼に注ぎ込もうとしました。たとえば、これはよくあるケースではないのですが、先生とともに生活を歩んだことが教え子たちにとってだけ非常に幸福なのではなく、ヴィゴツキー自身にとっても教え子と生活をともに歩めたことは幸せだったのです。事実、本質的に言って二十五年間、実に四半世紀もの間、ヴィゴツキーの思想は、スターリンの監視によってその他の科学界から引き離されましたが、かろうじて、この極限まで狭められた彼の思い出に限りなく忠実な仲間たちの手によってかすかに保たれました。そしてそれは生きのびました。それは今日、文化人の財産となっています。

ところで私にはヴィゴツキーに娘ギータがいたことはとてもよかったと思われます。彼女は幼い妹アーシャと二人でヴィゴツキーの「フィールドワークの場」の役割を果たしていて、そこで彼は自分の多くの推論や仮説を生活場面と照らし合わせてみたのでした。もちろん当時娘たち自身はそんな事を疑いもしませんでしたが、実のところピアジェをも含め、偉大な心理学者のうち、このような「家庭内遊び」をしなかった者がいるでしょうか。「わが国の心理学のすべての半分は、あなたのおかげです。」と、先のA・V・ザポロージェッツはかつて冗談半分で彼女にそう言ったとか。そしてそれから随分の年月が過ぎ、その昔々の女の子は成長し、同じく心理学者となりました。自分の父親の専門とした道を歩み大成しました。そして年を重ねて後、自分の父親についての思い出を出版しました。今日、それは彼の伝記に登場するのが常となりました。

子どもの時の記憶は気まぐれで選択的なものです。それは深くて誠実な感情に結びつかなかったものは、みな拒否してしまいます。もしも還暦を過ぎた初老の婦人が、つまりかつてその昔に「パパの娘」だった婦人が、全く最初のままの新鮮さを心に感じ、子どもであった時期の、自分の偶像の姿を保持しているとするならば、すでにそのこと自体が多くを物語っているといえましょう。レフ・セミョーノヴィチの周りからは、まるで放射するかのように愛や精神的な気前の良さが作り出す雰囲気が広がっていったということを物語っています。さらにまた自分の理論的な思想を包んでいた全人類的規模の問題という巨大な世界と同時に、家族という彼にとっては小さな世界も大きな価値をもっていた、ということを物語っています。

そこで、こんな場面を思い浮かべてください……ある晴れた一九三四年の三月九日のことです。幼い娘ギータのお祝いの日で、その日彼女は九歳になりました。前日に父は娘に聞きました。「お前のプレゼントは何にしようか。」そして、何もいらない、もうお父さんから切手用のアルバムをもらってるから、という答えを聞いた後、ヴィゴツキーはやさしく尋ねました。「でもお前にプレゼントをあげる喜びが私に与えられたんだ。私からこの楽しみを取らないでおくれ。」朝からおばあちゃんが名の日のクレンデリ*を焼いてくれました。夕方になると同級生がやって来て、そのころ子どもたちが好きだったなぞなぞで遊びました。両親の部屋でも遊び、狭い狭い子ども部屋に駆け込んでなぞなぞことばを考えました。でもこの女の子は無意識に父が仕事から帰ってくるのを待っていて、入口のドアの音に聞き耳をたてていました。もちろんこの娘は、家族の生活がずっと前から快晴ではないことも、また医師がヴィゴツキーの状態に本気でうろたえていることも、冬から入院生活になることを知るわけがありませんでした。モスクワとレニングラードで同時に行なっている講義の課程を中止するわけにいかなかったし、自分の講義を聴講している学部生や大学院生たちの運命を見殺しにすることもできなかったのです。

＊〔訳注〕名の日（自分の洗礼名にあやかりのある聖人の祭日、現代では誕生日と混同されている）に焼く輪型の甘い菓子パン。砂糖シロップやくるみ、ナッツ等でトッピングされ、お祝いの飾りでもある。

廊下での遊びの真最中に、突然、激しく呼び出しベルが鳴り響きましたが、子どもたちの誰一人それに注意を向けませんでした。そして子どもグループ全員がお決まりのように子ども部屋に走り込むとすぐに、その女の子は途方に暮れてベッドに横になっている父を見ました。ひどく青ざめて、落ちくぼんだ目をし、その目は半ば閉じていました。彼は仕事先から運ばれてきたばかりのようで、会議で発表した後に喀血したのでした。固まってまるで床に埋もれてしまったような娘に気がつき、無理をしながら微笑み彼は静かに話しました。「ほら、見てごらん、約束通り遅くならないで帰って来ただろう。」すると、子どもたちはすぐにこの部屋から出て行きなさい、という母親の合図に対して、ヴィゴツキーは彼女を止めました。「いや、いいんだ。遊んでいるのを見ている方が楽なんだ」と（文献1、三二九－三二〇）。

苦しんだその日の後もレフ・セミョーノヴィチは終わりが近いことを意識しながら、またそれを冷静に無視しながら、なお穏やかに一か月を過ごしていました。文字通り死の直前の最後の時、彼は病院に二人の若い同僚を招き、ある神経症に伴う精神機能の変容についての問題を彼らと検討していました。翌朝、彼らがサナトリウム「銀の樹林（セレブリャーヌイ・ボール）*」にヴィゴツキーを訪ねたところ、昨夜レフ・セミョーノヴィチが亡くなったと告げられたのでした。

＊［訳注］モスクワ河の曲り地にある保養地帯で「休息の家」やサナトリウムなどがあった。ヴィゴツキーが入った結核療養所もそこにあった。

その後に葬儀になりましたが、それは三〇年代のモスクワでは見たこともないようなものでした。追悼集会はパゴージンスカヤ通りにあった欠陥学研究所の、太陽が輝く広場で行なわれましたが、そこでは息ができないほどの号泣から参加者は話をすることができませんでした。そこから葬送の行列が何百メートルにも達し、ドンスキー墓地の火葬場まで歩いて行きました。列には大人にまじってヴィゴツキーの九歳の娘もいました。母は娘に途中まで棺を見送ることを許しましたが、その後、娘は家に帰らなければなりませんでした。ズボフスキー広場の地区に来ると、娘ギータは二人の少女が縄を越えて葬列に飛び込んできたのに気がつきました。見たこともない行列に彼女たちは興味津々で、うちの一人が霊柩車の後ろから走り、花輪の上の名前を読もうとしました。「何とか何とかヴィゴツキー教授は埋葬される」とその子は、やっとのことで友だちに大声で伝えました。すると幼いギータは突然、胸が締めつけられて自分が父親のいない子になったのだと思い知らされたのでした。

＊　＊　＊

遠い遠いその昔一九三〇年代は、まるで酸化したような、呼吸するには不向きな雰囲気が漂い続けていて、時流に乗ろうとする野望などヴィゴツキー教授にはさらさらその理由がありませんでした。全体主義体制の圧政下から解放された後、わが祖国の心理学は開かれた世界となり、ヴィゴツキーの考えはA・G・アスモーロフの表現に従えば、長年の仮死状態から脱することができたのです。しかしそれでもやはり、この遅すぎた承認からしかるべき当然の喜びに至るまでにも不本意な悲哀のしずくが混ざりこまないはずはありませんでした。どんなにかその時が来るのをレフ・セミョーノヴィチは、長いこと待ち望んでいたことでしょう。

すでに一九二五年に印刷に向けて用意された『芸術心理学』の原稿がようやく本になるまでには四十年を要しました。その本は今日、世界中の人文科学者にとって非常に親しまれています。論文集『思考と言語』の再版は二十二年間待たされましたし、英訳本はさらに六年間を要し、その勝利の行進は三大陸で始まりました。しかしこの出版の後、控えめに編まれた六巻本のヴィゴツキー著作集（本質から言って彼の著作の選集）は十六年間も発行が引き延ばされてしまいました。この第一巻の出版を待たずして、この刊行の編集を相次いで受け継いだ三人の高弟Ａ・Ｒ・ルリヤ、Ａ・Ｎ・レオンチェフ、Ａ・Ｖ・ザポロージェッツは次々に他界してしまいました。そしてヴィゴツキーの「孫弟子」つまり教え子の教え子とも言えるＶ・Ｖ・ダヴィドフによって先人の始めた念願の仕事をやっと完成させるまでにこぎつけることができたのです。

私は時々考え込んでしまうのです。もしレフ・セミョーノヴィチが、だんだんしぼんでいくような運命の、こんな短い悲劇的な人生を送らなかったとしたなら、元気で、もっと長生きし、たとえば六十歳くらいまで生きていたらどうだっただろうかと。もしそうだったら自分の最期の前夜に何を見ていることになるでしょうか。何も見なかったかも知れません。自分の名前すら研究物のなかに見ることもなかった時代、ヴィゴツキーとかいう人はまるで存在していなかったかのような時代でしたから。正当で名誉ある世界的な承認を待つのに彼は何と七十年以上も要したことになりますし、誰もがそんなに長寿に恵まれることはできないことは、みなさんにもご納得いただけるでしょう。知らず知らずのうちに詩人コルニーロフの次の行が浮かんできます。それはレフ・セミョーノヴィチへの悲しみの共感と一致するような（事実、同じかもしれない）人生を歩んだ、ソビエト体制の人質となった著名な友人に捧げられたものです。

私は今、彼の運命を思い、
私は秘めたる分別を彼の中に見ゆ。
しかし唯一つだけわかったこと。
それはロシアでは長生きしなければならぬということ……

終章　「愛よ、おまえにありがとう……」

L・S・ヴィゴツキーの、ある自筆サインの物語

ヴィゴツキーの私家資料庫には、私が提供したアレクサンドル・ブローク（一八八八–一九二一）の前世期初頭の詩集『夜泣きツグミの庭』が保管されています。それにはレフ・セミョーノヴィチの自筆サインが入っています。その自筆サインは七つの頭文字Б・Т・Л・З・М・Н・Рと暗号化されています。もしそれを解く鍵を知っていなければ、これを解読することは事実上困難です。でも幸いなことに鍵はわかっています。当時私はこの本を伯父の遺品として受け取りました。それは伯父の家の書斎に約七十年間保存されていたものです。

そしてこの自筆の頭文字のサインは、

「**Благодарю**《ブラガダリュー》　**тебя**《チビャー》,　**любовь**《リュボーフィ》,
ありがとう　おまえ、　愛よ
За《ザ》　**мне**《ムニエ》　**нанесенную**《ナニェションヌユ》　**рану**《ラーヌ》」
私の負った　傷よりも　深い愛に

の頭文字です。『思考と言語』を読んだ人ならばもちろんすぐに、その最終章「思考とことば」を思い起こすでしょう。そこで明らかにされていたのは長々と展開されている話しことばが、私たちの意識の中では外言から内言へと縮小され、凝縮され、述語化されたものに変わっていくということでした。そしてこの章では一つの例として『アンナ・カレーニナ』から有名な二人の会話が引用されていましたが、それはその時リョーヴィンとキティが石盤に、単語の最初の一文字だけを書いて、それを手がかりとして話し合い、誤りなくそれぞれの暗号化された単語を頭の中で完成させていたのでした。

> 彼女は頭文字を書いた。「あ、あ、わ、く、こ、で、そ、ゆ、く、こ、で」その意味はこうであった――（あなたが、あのときのことを、わすれて、くださる、ことが、できたら、そして、ゆるして、くださる、ことが、できたら）彼は緊張したふるえる指でチョークをつかみ、それを折って、つぎのような意味の頭文字を書いた――（わたしには、なにも忘れるの、許すのということはありません。わたしは、依然として、あなたを愛しているのです）――「わかりましたわ」と、ささやくように彼女はいった。
> （トルストイ、一九五二、巻8、四二二‐四二三ページ）（『思考と言語』、新読書社、四〇〇ページ）

ヴィゴツキーは付け加えて述べています。

この例は、その前の例とも同様、あらゆる内言にとって中心的な現象、それの省略の問題、にきわめて密接な関係をもつ。対話者の考えていることが同様なとき、かれらの意識が同一の方向を向いているときには、言語刺激の役割は最小限となる。だが実際まちがいなく理解は行なわれるのである。

（ヴィゴツキー、一九八二、選集巻2、三三五ページ）

しかし通常の話しことばで、このようなことが起きるのは希な例外としても、内言の場合、私たちは常に自分と向きあい、自分が何を考えているのかわかりますし、内言による対話のテーマは常にわかっています。すなわち内言において「私たちは常にキティとリョーヴィンの状態にある」「いつも我々はセクレティエールで遊んでいる。頭文字によって複雑な文を見抜くことで成り立つ会話法を昔の上流貴族がそう呼んだ」それゆえ「内言における音声面の縮少化は一般的な法則としての役割を常に果たしている。内言は正確な意味において、ほとんど、ことばなしの言語である。」（同書、三四五ページ）

こうして上流貴族社会の遊びのテーマがヴィゴツキーの科学的概念に有機的に入り込み、一種の「レンガ」の役割をして、見事な彼の論証の基礎として敷かれています。

でもそれは成熟したころのヴィゴツキーです。件《くだん》の自筆サインはヴィゴツキーの若きころ、まだ二十歳に達しているか、あるいは達していないかぐらいの時のものでしょう。そしてこの偶然ともいえる若者時代の熱中や楽しみの痕跡よりも、この大学者の成熟した頭脳にとってより価値ある食べものとなる、その後に起きた諸々の方がはるかに重要となりました。しかし、その痕跡は彼の伝記作家にとっていかに多くのことを物語ってくれるのでしょう。

でもこのあたりで、この自筆サインの受取人、彼というべきか、あるいはむしろ正しく言えば、記号化された元の詩行の持ち主である彼女に話を戻しましょう。元の詩の作者はナジエジダ・フリードマン、旧姓プレスマンという女性で、それは私の母の姉です。彼女は青年時代、そのころの同年齢の若者たちと同様、詩が大好きで、彼女自身も詩作をし、彼女の死後、連れあいの伯父は分厚いタイプ打ちの詩集を編んだりしているのです。そのプレスマン家がキエフに住んでいたころ、私の祖母はゴメリ市民であったので、そのために一九一五年と一六年の二回の夏、娘姉妹はゴメリに来ていました。そこには二人の母方の親戚が住んでいて、中には青年ヴィゴツキーの親友だった私の母たちの従兄弟ニーソン・ハヴィンも含まれていました。おもしろいことに、この親友同士はニックネームとして女の子の名前、ベーバとニーナと呼び合っていました。こうして筆者の子どものころの意識にはベーバ・ヴィゴツキーが入り込んでいました。もっともこの名前が、彼について実際に私が知っていることのすべてだったときまででしたが。というのは私の母もヴィゴツキーについて当時それ以上のイメージはもっていなかったからです。実を言えば私はすでにヴィゴツキーと私の伯母には短い「恋のヴァカンス」があった、と聞いていたので彼が贈った本の自筆サインは一九一五年ないし一六年のものと考えていました。

　でもある時、そう昔ではありませんが、私にはこのブロークの詩集自体を検索する必要が生じました。その時一九一五年にも一六年にもこのようなタイプ打ちされた詩集はなかったことに気がつきました。同時にこの年の日付がつけられた伯母の詩は、まだかなりたどたどしく模倣的であると気づきました。そして変に思ったのです。当時すでに『ハムレットについての悲劇』の初版の著者となっていたヴィゴツキーが未完成のそのような詩にすっかり夢中になるものだろうか、と。前年および次年の何ページかをパラパラとめくってみましたが、そこには冒頭の暗号化された直筆サインに当たる詩行はありませんでした。そしてようやく一九一八年の詩まできて、ついに捜していたものを見つけたのです。

実際そうなのです。革命後、姉妹はもうゴメリ市にはいなかったのでした。家以外のどこかで夏を過ごすというようなことは、ウクライナでもロシアでもそのころにはありえませんでした。M・ブルガーコフ（一八九一‐一九四〇）はその長編小説『白衛軍』の最初の行で次のように書いています。「一九一八年のクリスマスのころは、第二次革命の始まりにより、大変な年であり、恐ろしい年であった。」その年の動乱は革命による動揺でめちゃくちゃなキエフにおいても起きていました。このような時期、分別のある住人はみな自分の「家庭要塞」の四面の壁に身を潜めようとしましたし、プレスマン家の人々も例外ではありませんでした。

しかしゴメリ市のヴィゴツキー家はそうはいきませんでした。徴発と略奪、飢えと混乱を背景にして母親は重い型の結核にかかり、母に続いて十三歳の息子も病気となってしまい、この状況は特別な戸惑いをこの家族にもたらしたのです。医者の意見に従うと唯一の救出手段は、この男の子を療養地クリミヤ地方で過ごさせることでした。

「クリミヤへの道は、キエフを経由していった」、このことを私たちはすでにG・L・ヴィゴヅカヤとT・M・リファノーヴァの著『レフ・セミョーノヴィチ・ヴィゴツキー、生涯、活動、肖像のためのディテール』で読んでいます。レフ・セミョーノヴィチは弟と母を連れていきました。しかしやっとのことでキエフまでたどり着くことができたとき、その子の病状は急に悪化し、そこから先クリミヤまでの旅は夢と化しました。病気の者は療養所に入らなければなりませんでしたが、レフ・セミョーノヴィチは母親と隣室にしてもらいました。一日中子どもと一緒にいられるチャンスをつくるためにです。数か月後この子は幾分かよくなったかに見えましたが、医者が考えるにはクリミヤへ向かう道中はその子にはとても無理で、家に連れて帰るようにと、すすめました。その助言を聞き入れレフ・セミョーノヴィチは母と弟とともにゴメリに戻ったのでした（文献1、四五ページ）。

今は、もうかなり確信をもって私は言うことができますが、「医者」という一般的なことばのうしろに隠れているのは十中八九、私の母方の祖父であるジーメル・アブラモヴィチ・プレスマン（一八六七－一九三四）のことであり、彼は日露戦争の参戦者で、有名なキエフの教授ヤノフスキーのクリニック学校を修了後、そしてその当時キエフのパドールと呼ばれた貧しい人々の住む半プロレタリアート地区で最も名の知れた個人開業医であった人物です。そしてさらに、この祖父については次のように言うこともできます。彼は責任感の強い人物であり、病人を区別せず、自分のできることすべてをどの病人にもしようとしました（彼についての詳細は、レイフ、二〇〇六、六八‐六九ページ参照）。そんなわけで、ヴィゴツキー家のキエフへの旅に関するすべての行程は、もちろん彼にも伝えられていたのです。というのは私のゴメリの祖母と彼らはすでに親しい間柄となっていて、ひょっとしたら遠い親戚ぐらいの間柄になっていたのかもしれません。

そして、このようなドラマティックな状況があって二十二歳のヴィゴツキーと私の伯母との再会があったのです。その後のある日（たぶん別れの日に）レフ・セミョーノヴィチの自筆のサインの入ったA・ブロークの詩集が贈られたのでしょう。そのとき彼は元々彼女の詩であった二行を暗号化して書き込んでいたのです。ではここで、その詩を丸ごと、それも無条件にそのままここに引用することにしましょう。

私は道端の草

私は思い出すの、はじめての日を、
道端で圧しつけられた日のことを、

そこで私は見たの。 影のような
土ぼこりに見え隠れするたくさんの足を。

私は身をまっすぐにできなかった。
私の運命《さだめ》は崩れ去った。
そして胸は無数の傷に疼く
重々しい足取りが進むたびに

でもいつしか力尽きたとき、
知らん顔し、 ほほえみながら
側を通り過ぎていく人々から
ついに私は身をよけることに疲れ果てた。

私はゆるやかな驚きを覚えている。
うつろで、 厳しい目線も

不意に、私を道から
捨て去った一撃も。

そしてこうして今、私は新たに
訪れた喜びにたじろいでいる。
愛よ、おまえにありがとう。
私の負った傷よりも深い愛に

一九一八年七月

この詩が誰に捧げられたものか著者に推しはかることはできませんし、すでに知ることもできません。そしてこのささやかな伝記の旅に終止符を打つのもよいころだと思います。しかし真実がもたらされるようにするために、あまりにロマンティックな結末はやはり避けなければならないと思います。なぜなら二人のこの時の出会いが実は最後ではなかったのですから。誰もが、多分誰もがわかっているにせよ、あの彼らの人生の中で、二人の出会いは実際はそうだったのです。というのは二人の前方には別の生活が待っていて、そこでも二人は出会いましたが、おそらくすでにお互いに遠い人同士になってからのことでした。それは一九二四年モスクワでのことです。ヴィゴツキーがゴメリから再びモスクワに移って来たときです。それは私の伯母とその夫である伯父がモスクワに上京して三年後のことでした。以下は、その伯父から聞いて私も知っていることなのですが、レフ・セミョーノヴィチはしばしば二人の家を訪ねていたということです。そしてもし私がここでその点について詳しく特別に述べようとすると、それは、若き日の彼らの運命をいったい誰がもたらしたのか、と考えて私の親戚が苦しむ姿をただ示すことにしかなりませんし、まして当のヴィゴツキーからしてみればもう死後、何年も経ってしまっていることなのです。

　この伯父は大部で詳細な回想録を残していますが、そこで語られているのは九十三年間の長いその人生の中で出会った非常に多くの、時にはあまり有名ではない人のことについての話です。真実、そこにはグラズノフ（一八六五−一九三六）、セルゲイ・プロコフィエフ（一八九一−一九五三）、エセーニン（一八九五−一九二五）マヤコフスキー（一八九三−一九三〇）らも登場していますが、多くは部外の観察者としての眼から書かれています。しかし一行も、一言もヴィゴツキーへの回想は言及されていません。かつて私は、この伯父の家にヴィゴツキーが訪ねてきたときのことを詳しく聞き出そうとしましたが、伯父はフロイド主義者が来た、ということ以外、何も思い出すことができませんでした。おそらく彼の意識の中では、早くに死んでしまったこの偉大な学者は途中で折れてしまったのでしょう。加えて私の母にとってはヴィゴツキーは最後の日までベーバ・ヴィゴツキー、つまり幼なじみであって、それ以上の何者でもなかったのです。彼らにそのことの責任などあるでしょうか、また彼らの生きた時代というものに責任があるのでしょうか。

最後にこの筆を置くために私は自分の伯母がモスクワに移って以後の、その後の運命について何かしら語っておくべきでしょう。おそらくこの転居は、モスクワのエリート詩人たちとの生活に触れてみたいという彼女の強い願いによるものだったと思われます。そのような理由だけが次のことを説明できるのです。つまりそうすることに最も相応しくない時期、一九二一年八月が選ばれたということです。当時、伯母とその夫の二人は、その時代にあっては危険な、七日間もの、ヤミ屋でぎゅうぎゅう詰めの貨車に乗り込んで出発したのでした。その際、蒸気機関車用の薪は、その道中で乗客が調達しなければなりませんでした。にもかかわらず彼ら二人は、かなり早く首都モスクワの文学ボヘミヤンの世界に溶け込むことができ、リーダーのブリューソフ（一八七三－一九二四）自身によって全ロシア詩人連盟に受け入れられました（それはI・セリヴィンスキーとA・ジャーロフと同時でした）。でも奇妙なことにモスクワに移ってからの詩作はかなり少ないのです。そして一九三〇年、私の伯父が拘束されカザフスタンの収容所に送られたとき、この告発は当時彼が働いていたソ連邦国立銀行の地下にあった反革命組織への関与ということでしたが、詩作は結局やめてしまったのです。必要なパンのことを考えなければなりませんでした。伯母ナージャ［ナジェジタの愛称＝訳者］の方はといえば、モスクワ大学の文学部を卒業することができ、はじめて職に就きました。彼女の住居の面倒をみたのはM・I・ルダミーナという外国文学図書館長であり、彼女は自分の家に弾圧されたメンバーや政治的な理由で職場から追放された人々をかくまうことを恐れない人物でした。この図書館で伯母は自分の残された人生を、つまり一九五六年まで仕事をしました。詩に関して言えば、彼女は戦後、詩作にもどりましたが、そのときは翻訳者としてでした。彼女（ペンネームはN・ジーミン）の翻訳にはV・ユーゴー（一八〇二‐八五）、H・ハイネ（一七九七‐一八五六）、西ドイツの詩人L・スタッフのものが詩集として出版され、いくつかは版を重ねつづけています。実際、彼女の翻訳になるハイネの『記念のおくりもの』は、今日でもインターネットで、この詩の優れたロシア語訳として見ることができます。こうしてたった一つ私に残されたのは、あのなぞの日のことについてです。なにゆえ伯母のナージャは、聞き及ぶかぎり自分の青春の日々について、つまりあんなにも幸せそうにヴィゴツキーと交際していたかつての自分の青春時代について、けっして回想しようとしなかったのかです。そしてなぜ彼の自筆サインがある本のことを、伯母自身からではなく、伯母が他界してだいぶ経って、連れあいの伯父から知ることになったのかということです。

訳者あとがき

ヴィゴツキーの生活年譜をたどると、何と短い一生であったのか、と思う。そしてヴィゴツキーの著作に触れると、何と膨大な仕事であったのか、と思う。しかも現代のようにパソコンはおろか、録音機さえなかった時代のことである。さらに家族病であった結核との闘病生活が生涯続いたのだ。「天才」とか「時代」ということばで、そのことを覆いかぶせることもできるだろう。しかし本書は、生活や仕事や家族を愛し、生きた一人の人間としてヴィゴツキーを描き出している。

条件が悪くとも質の高い仕事ができること、研究とは、量やスピードを競うものではないことをヴィゴツキーは教えている。常に年下の者や未熟な者に配慮し、ていねいに教えようとしたこと、知識階級ではない人々にも優しく接したこと……これらはヴィゴツキーの人柄であったとしか言いようがない。

自身が病気とともに生きたこと、障害のある子どもや成人の理解と支援に力を注いだこと、そしてそれでも短い人生の中で人間の創造と心理学を結びつけたこと……二十世紀の他の著名な心理学者Ｓ・フロイトやＪ・ピアジェと異なる点である。

これまで、ヴィゴツキーについての伝記がないわけではない。しかし直弟子のルリヤやレオンチェフ（父）でさえ、自分の師の伝記は書けなかったという。心理学者は自分の師である心理学者を著すことにためらうのだ。伝記作家という別の役割が必要なのかもしれない。ヴィゴツキーの思想については、今日、その理論的説明をしたり、応用・借用しようとする文献は内外とも多くみられるが、個人像についてはあまり語られていない。著者イーゴリ・レイフはそれを見事に行なっている。

本書の出版にあたり、原著者イーゴリ・レイフ氏から日本語版への序文をいただいた。何度にもわたるメールでの質疑応答や意見交換を経て、この日本語版が完成した。拙い訳者はこの本がある強い意志と思想に貫かれていると痛感した次第である。イーゴリ・レイフ氏の描くヴィゴツキー像は、これまでのヴィゴツキー像を補強するだけでなく、日本の読者にヴィゴツキーをより身近にさせてくれると、訳者は確信している。なおレイフ氏との交流の中で、本著がヴァシーリー・グロスマン（一九〇五－六四）の『人生と運命』（一九八〇・スイス、一九八八・ソ連、邦訳全3巻　齋藤紘一訳　みすず書房、二〇一三）を強く意識した刊行であることがわかった。この偉大な著作・訳書が自由と人間性を直視したものであることを知れば、ユダヤ人であったヴィゴツキーの思想と人生と運命が教えることはあまりにも大きい。ヴィゴツキー心理学もまた自由と人間性を直視したものであった。本書にロシア、ソビエト社会で生きた多くのユダヤ人芸術家、科学者、作家が登場するのも決して偶然ではない。原著者イーゴリ・レイフもソビエト社会で生きたそのうちの一人である。

　モスクワの出版社「ゲネジス」の主任編集長オリガ・サフアーノヴァ女史からは翻訳の許可と大いなる配慮をいただいた。親切な対応に感謝したい。さらにミネルヴァ書房の編集者、浅井久仁人氏には最初から最後まで励ましと的確な指示をいただいた。本書の価値を正しく見抜いた彼がいなければこの本は発刊されなかった。英語圏以外の刊行物の翻訳出版は、実際、容易ではなく、以上の人々の熱意とミネルヴァ書房の力によって可能になったのである。本書がヴィゴツキー理解にとって少しでも役立つならば、訳者の喜びである。

なお、ヴィゴツキーの生活に焦点をあてた年譜と人名解説を帝京学園短期大学の手塚知子先生に作成していただいた。以上の方々に記して謝意を表します。

なお、邦訳されているヴィゴツキー伝として、アレクセイ・アレクセーエヴィチ・レオンチェフ（A・N・レオンチェフの息子）が著した『ヴィゴツキーの生涯』（菅田洋一郎監訳・広瀬信雄訳、新読書社、二〇〇三）がある。併せて読んでいただければ、両書の特徴が明確になり、ヴィゴツキーの人物像がより豊かになるだろう。

　このような翻訳の仕事が多少でも価値があるものであるならばそれは恩師菅田洋一郎先生と故大井清吉先生によって引き出されたものです。本書に欠点があるならば、それはすべて訳者の不勉強と力不足によるものです。

二〇一五年六月十一日

広瀬信雄

ヴィゴツキーの生活年譜

年　代	年　譜
1896 （0歳）	11月5日（旧暦）現ベラルーシ，首都ミンスク近郊の小都市オルシャにて，第2子として生まれる。 子ども8人の大家族で，姉1人，妹が4人，弟が2人いた。一家の住んでいたアパートは6部屋。上の3人の娘で一部屋，下の2人の娘で1部屋。3人の息子で1部屋を使っていた。他に両親の寝室，食堂，父親の書斎があった。書斎は子どもたちに占領されたり，そこで集会が開かれたりした。食堂は団欒の中心で，夕食後にはお茶を飲みながら，大きなテーブルを囲んでさまざまな会話や談笑が行われた。父は銀行支店長で社会活動家，母はドイツ語に堪能で，ハイネを愛した。
1897 （1歳）	ゴメリ市に一家は転居。（ゴメリはユダヤ人定住区域では活気のある都市だった。）ヴィゴツキー家は子どもの教育に熱心であった。
1907 （11歳）	ゴメリ市の官立中学校に入学するが，家庭教師により在宅学習をし，1学年から4学年までの修了検定試験を受ける。（ヴィゴツキーの家庭教師ソロモン・マルコヴィチ・アシピズは優れた教師だった。）幼児期から複数の言語を獲得していた。さらに5学年，6学年の検定試験を受けた。
1911 （15歳）	ラトネル私立ユダヤ人中学校に転入し，最後の2年間，通学した。 この頃，友人とユダヤ史研究サークルを定期的に開き，リーダーとして歴史的な事件を分析するなど歴史哲学に関する学習を行なった。また青年時代から死ぬまで演劇と詩を愛したが，中学校時代はプーシキンが好きで，自分にとって重要な言葉を見つけ，それを朗読していた。またヘーゲルの歴史観にひかれていた。従兄ダヴィド・ヴィゴツキーの影響でエスペラント語と

	切手蒐集，チェスに夢中になった。ブロークの詩も好んだ。兄弟姉妹の面倒をよく見た。夏には短髪にしていた。
1913 （17歳）	ラトネル私立ユダヤ人中学校を卒業した。 代理官試験（教育管区の代表者が臨席する試験で，この試験の評価が大学進学を左右する）で優秀な成績をおさめ，金メダルを獲得した。帝政ロシアでは，高等教育機関でユダヤ人の占める割合が一定のパーセントに抑えられていたため（たとえば，モスクワ大学では3％），事実上，代理官試験で上位の者は入学できるが，それ以外は入学できなかった。しかし，代理官試験の最中に国民教育大臣が「中等学校を卒業したユダヤ人の大学入学は抽選によって定める」と通達したため，上位にいたヴィゴツキーも抽選を待たねばならなかったが，運良く当選し，モスクワ大学に入学できた。 9月，モスクワ大学医学部に入学。1か月後に法学部に移り，モスクワ大学に在籍のまま，同時に，創設5年後の私立シァニャフスキー人民大学の心理学と歴史・哲学科に入学。教育学者で心理学者のブロンスキーと出会う。ヴィゴツキーは，英，仏，独語も話し，文学や演劇でも博識であった。在学中，新聞『新しい道』の事務書記となる。
1915 （19歳）	学位論文としてシェイクスピア研究をまとめる。やがて芸術学研究は心理学研究に重点が移る。 妹ジナイーダがモスクワの高等女学院に入学し，ヴィゴツキーと同居。後に彼女は言語学者となる。2月，学位論文「デンマークの王子ハムレットの悲劇，W・シェークスピア（第一案）」を書く。
1915 ～1916	モスクワ大学からゴメリに帰省すると友人たちと交わった。その一人ウージンに学び，ラテン語を磨いた。大学時代，チョールヌイ，チュッチェフ，ブローク，ハイネらの詩を朗読した。トルストイやドストエフスキーの作品分析や批評を書いた。モスクワ芸術座で演劇界と交わる。スピノザの思想に傾倒する。モスクワ大の経済学ゼミでも報告。学位論文「デンマークの王子ハムレットの悲劇，W・シェークスピア（第二案）」を書く。

1916 〜1917	文芸雑誌に，「ヴィゴヅキー」の名でいくつか評論を書く。
1917 (21歳)	モスクワ大学法学部を卒業したが，この時代に法学の意味を見い出せずゴメリの家族のもとに戻り，学校で文学と心理学担当の教師となる。演劇学校の授業（文学と科学の問題に関する講義）を何度か行なう。ゴメリ市初等教育教員養成学校に心理学実験室を設け，講義も行なった（以後5年間，教職にあったことが，その後の人生に大きく影響した)。教師としてロシア文学，心理学を教えた。母の看病と妹弟の支援をした。
1918 (22歳)	従兄のダヴィド，友人のドプキンと出版所を開き，交友のあったエレンブルクの本を出版した。しかし資材動員政策によって解散を余儀なくされた。末の弟の結核治療のためクリミヤでの療養をめざし，家族でキエフまで行くが，病状悪化のため断念し，ゴメリにもどる。
1920 (24歳)	1920年代になって「ヴィゴツキー」と名乗る。結核の発病。健康状態のよくない日々が続く。中の弟がチフスで死亡。家族共結核の病状が悪化し，サナトリウム（療養所）に入る。
1921 (25歳)	県政治局評議会，芸術課長。興行批評を書く。両親を思い，ゴメリにとどまる。自身も体調不良が続く。
1922 〜1923	中学校，夜間学校，音楽学校等で教える。地元紙の演劇欄担当，新聞に論評発表。各種出版局で編集作業に携わる。シェークスピア，トルストイ，コロレンコ，マヤコフスキー，アインシュタインについて講義。『教育心理学』『芸術心理学』を書き上げた。
1924 (28歳)	モスクワに上京する直前ローザ・ノエーヴナ・スメホーワと結婚。モスクワに移り，1934年に死亡するまで住む。ペトログラードの精神神経学大会でゴメリの代表委員として研究発表のあと，ルリヤと出会い，誘われて，モスクワの心理学研究所に赴任，心理学研究所の地階で家族と共に暮らす（〜1925年夏)。レオンチェフと出会い「3人組」が誕生する。ついで欠陥学研究所で働く。教育人民委員部心身障害児教育部門の部長を務め，

	クループスカヤ共産主義教育大学やレニングラード教育大学で教鞭をとる。СПОН（第２回未成年者の権利保護大会）で報告。障害児教育の新たな方向を示す。
1924 ～1926	報告，論文，書物を相次いで発表。若い研究者グループが彼の周囲に集う。「芸術心理学」を映画監督エイゼンシュテインに見せる。親交を重ね，共同して映画言語の理論研究を始める。パステルナークの詩を好む。自身は病気がちであったが，第一級研究員となる。児童学研究所や欠陥学の分野でも仕事をし，共産主義教育大学や高等師範学校で心理学を教える。
1925 （29歳）	初秋にボリシャヤ・セルプホーフスカヤ通りのアパート（３階建てで，全部で18世帯が入居）に移り住む。当時の家族構成は，ヴィゴツキーと妻，この年に生まれた子ども（長女），ヴィゴツキーの両親，４人の未婚の妹，姉とその夫と子どもの13人の家族であった。また，ヴィゴツキー宅には心理学や欠陥学の分野で活躍する若い研究者グループが集まり，さまざまな議論を交わしていた。A・R・ルリヤとA・N・レオンチェフは週に１・２日集まって研究計画を立てていた。さらに，ヴィゴツキーの弟子たちの有名な「５人組」，つまりL・I・ボジョヴィチ，P・E・レヴィーナ，L・S・スラヴィーナ，N・G・モロゾーワ，A・V・ザポロージェッツも集まった。 英，独，仏，蘭に最初で最後の学術出張。ロンドンでは国際ろうあ教育大会で報告。ベルリンでクルト・レヴィンと会う。帰国後入院（11月から７か月間結核病棟で過ごす）。入院中に「心理学的危機の歴史的意味」手稿完成するも，出版されなかった。「芸術心理学」を完成させる。長女ギータが生まれる。
1925 ～1926	異常児心理学実験室（後の欠陥学研究所）を開く。定期的に臨床研究会を行なう。
1926 （30歳）	療養生活の中で『教育心理学』を書く。
1926 ～1929	心理学研究所にヴィゴツキーらは居心地が悪くなっていき，他のさまざまな施設に別れる。療養生活の中で著作を続ける。

1927 ～1928	第１回全国児童学大会に出席。欠陥学分野の研究の著作を多く発表。自身の結核の病状が悪化し入院。
1928 （32歳）	文化・歴史理論に関する出版
1929 （33歳）	中央アジア国立大学（タシケント）で講義。モスクワ第一医科大学精神病院と関わって研究を進めた。次女アーシャが生まれる。クループスカヤ記念共産主義大学で報告。
1930 （34歳）	30年代に入って次第に研究に当局からの妨害が強くなる。『行動の歴史に関する試論』（ルリヤと共著）。心理学研究の医学的な面に関心をもち，モスクワ医科大学，ハリコフ医科大学の学生となる。児童学の仲間から批判が出るようになる。ヴィゴツキーグループの研究者が離れ離れになる。W. ケーラーの『類人猿の知恵試験』のロシア語版を編み，序文を書く。10月９日，「内転化」について報告。
1931	アメリカからの招待を辞退。
1932 ～1934	レニングラード教育大学で講義，エリコニンが受講。モスクワ，レニングラード，ハリコフに定期的に出かけ，講義をし，研究施設をかけもちした。
1934 （37歳）	４月28日全ソ実験医学研究所で報告。５月病状悪化。６月２日サナトリウム「銀の樹林」へ入る。『思考と言語』を書きあげる。６月11日，結核で他界（37歳）。最期の言葉は「用意はできている……」。

手塚知子（帝京学園短期大学）作成

障害児心理入門 [第 2 版]
―― 伊澤信三・小島道生編著　Ａ５判292頁　本体2500円

障害児の心理学を学びたい人への最初の入門書。障害児の心理・行動特性やアセスメント，指導方法などを中心に，障害児教育や障害児・者福祉の基礎も理解できる。また，現場からのレポートとして，障害児教育の具体的な取組みも紹介。

教職をめざす人のための　教育用語・法規
―― 広岡義之編　四六判312頁　本体2000円

190あまりの人名と，最新の教育時事用語もふくめた約860の項目をコンパクトにわかりやすく解説。教員採用試験に頻出の法令など，役立つ資料も掲載した。

特別支援教育のための
子ども理解と授業づくり ――豊かな授業を創造するための50の視点
―― 湯浅恭正・新井英靖・吉田茂孝編著　Ｂ５判176頁　本体2400円

特別なニーズのある子どもたちにも理解できる授業をつくるにはどのような考え方で臨むことが重要か。具体的な授業や子どもたちの様子を交えて，インクルーシブ授業づくりの「考え方」をわかりやすく解説する。

――――― ミネルヴァ書房 ―――――
http://www.minervashobo.co.jp/

天才心理学者
ヴィゴツキーの思想と運命

2015年10月10日　初版第１刷発行　〈検印省略〉

定価はカバーに
表示しています

訳　者　広　瀬　信　雄
発行者　杉　田　啓　三
印刷者　江　戸　宏　介

発行所　株式会社　ミネルヴァ書房

607-8494 京都市山科区日ノ岡堤谷町１
電話代表（075）581-5191
振替口座 01020-0-8076

共同印刷工業・兼文堂

ISBN978-4-623-07438-9
Printed in Japan

原著者紹介

イーゴリ・レイフ（Игорь Рейф, 1938～　）

モスクワ生まれ。第一モスクワ医科大学（現モスクワ大学医学部）卒。医師を経て，60年代から著作活動を始める。ペレストロイカ以降，『イズヴェスチヤ』『トルード』『モスクワ・ノーボスチ』紙等に作品を発表。1998年よりドイツ在住。

主な著書

『私の前によき未来があることを知れ――モスクワ大学を卒業した無名な人々についての話』（モスクワ，2000）

『文明化の巨大な呼びかけに直面して』（V・I・ダニロフ＝ダニリヤンとK・S・ローセフと共著，モスクワ，2005）

『天才と才能――ソビエトの運命の反映としての三人のロシアの学者』（モスクワ，2007），ほか。

雑誌論文

「各人は一点を見ている」（『ヨーロッパ報知』）2009

「女性アーティストの世紀」（『もう一つの我が国』）2010

「博士プレスマン，“チェーホフの招集軍医”の運命」（『作業場』）2012

「もし，その日が運命で定められていたら……無神論者と信心者の考える死の“寸法”」（『作業場』）2014，ほか。

訳者紹介

広瀬信雄（ひろせ・のぶお，1953～）

長野県生まれ。京都教育大学卒業，東京学芸大学大学院修了後，筑波大学附属桐が丘養護学校，秋田大学教育学部附属養護学校を経て，1989年より山梨大学に移る。山梨大学教授（1996―現在）。1988年モスクワ大学に短期留学。2009―2012年山梨大学教育人間科学部附属特別支援学校長。2012―2015年山梨大学教育人間科学部副学部長。

主な訳書

ドゥーリネフ『ちえおくれの子の発達と労働教育』（共訳）ぶどう社，1980年。

スピヴァコーフスカヤ『遊び活動の障害と治療』（共訳）明治図書出版，1983年。

ベヴェリッジ『知的障害者の言語とコミュニケーション』（共訳）学苑社，1994年。

スレポーヴィチ『学習障害と幼児教育』（編訳）新読書社，1994年。

クライニン夫妻『きこえない人ときこえる人』（訳）新読書社，1995年。

ヴァスクレセーニエ『みえる・きこえる――指先の世界』（訳）新読書社，1997年。

ヴィゴツキー『新訳　子どもの想像力と創造』（訳）新読書社，2002年。

ヴィゴツキー『子どもの心はつくられる――ヴィゴツキーの心理学講義』（訳）新読書社，2003年。

レオンチェフ『ヴィゴツキーの生涯』（訳）新読書社，2003年。

ペトルニク『心の専門医が語る子育て・納得のアドバイス』（監訳）新読書社，2006年。

スコロホードワ『もう一人の奇跡の人――「オリガ・I・スコロホードワ」の生涯』（編訳著）新読書社，2012年。

サカリャンスキー『盲ろう児教育のパイオニア・サカリャンスキーの記録』（編訳）文芸社，2014年，ほか。

人名解説（数字は登場ページ）

ア行

アイヘンヴァリド，ユーリー・アレクサンドロヴィチ　20
　シァニャフスキー大学教授。文学者。
アインシュタイン，アルベルト（1879-1955）　29, 83
　ユダヤ系ドイツ人の理論物理学者。ナチスに追われ，渡米。相対性理論の一般化を研究。
アスモーロフ，アレクサンドル・グリゴリエヴィチ（1949-　）　144
　モスクワ大学心理学部教授。心理学博士。
アニクスト，アレクサンドル・アブラモヴィチ（1910-1988）　14
　ロシアのシェークスピア学者・ゲーテ学者，文学者。芸術学博士，バーミンガム大学より文学博士（1974）
アフーチナ，タチヤーナ・ヴァシリエヴナ（1941-　）　64
　モスクワ大学心理学部神経心理学室長。ルリヤ，レオンチェフに学ぶ。
アフマートワ，アンナ・アンドレーエヴナ（1889-1966）　3
　女流詩人。N・グミリョフと結婚するが，夫は銃殺刑に処せられた。息子は地歴学者レフ・グミリョフ。
アリストテレス（前334-前322）　100
　古代ギリシャの哲学者。プラトンの弟子。
イテリソン，レフ・ボリソヴィチ（1926-1974）　56, 78, 80
　現代の心理学者。ヴラジーミル教育大学教授，心理学博士。
ヴァヴィーロフ兄弟　3, 7
　兄はニコライ・イヴァノヴィチ（1887-1943），弟はセルゲイ・イヴァノヴィチ（1891-1951）生物学者。
ヴァヴィーロフ，ニコライ・イヴァノヴィチ（1887-1943）　3, 5, 133
　遺伝・育種学者で農学，植物学者。植物地理に関心を持ち，多言語に通じ，各地を探検。ルイセンコとの論争事件は有名。獄死後，名誉回復。
ヴァシリエフ，ボリス・リヴォヴィチ（1924-　）　65

ロシアの現代作家。
ヴィゴツカヤ, ギータ・リヴォヴナ (1925-2010) 139, 140, 143, 153
　ヴィゴツキーの長女, 心理学者, 障害児教育学者。
ウスペンスキー, グレープ・イヴァノヴィチ (1843-1902) 125, 128
　作家。写実的に, 生活や社会矛盾を描写した。ナロードニキ作家。
ウフトムスキー, アレクサンドル・アレクサンドロヴィチ (1875-1942) 9
　生理学者。興奮と抑制, 興奮伝達のメカニズムを研究した。
ヴェルナツキー, ヴラジーミル・イヴァノヴィチ (1863-1943) 7
　地球科学, 生物地球科学, 放射線地質学者。
エイゼンシュテイン, セルゲイ・ミハイロヴィチ (1898-1948) 135
　映画監督, メイエルホリドを師とし, 映画理論を研究。ヴィゴツキーと親交があった。
エセーニン, セルゲイ・アレクサンドロヴィチ (1895-1925) 158
　詩人。自らを「最後の田園詩人」と称した。アメリカのダンサー, ダンカンと恋に落ちたが, 後にトルストイの孫娘と結婚。自死した。
オジョゴフ, セルゲイ・イヴァノヴィチ (1900-1964) 116
　言語学者, 語彙論研究者。辞書の編纂で有名。

カ行

カチャーロフ, ヴァシーリー・イヴァノヴィチ (本名シュヴェルボーヴィチ) (1875-1948) 16
　1900年よりモスクワ芸術座, 名優。1943年ソ連邦国家賞授与。
カピッツァ, ピョートル・レオニードヴィチ (1894-1984) 3
　物理学者。社会主義労働英雄 (2回), ソ連邦国家賞授与。
ガモフ, ゲオルギー・アントーノヴィチ (米名ジョージ・ガモフ) (1904-1968) 2
　アメリカの理論物理学者。ロシア生まれ。1933年国外へ。34年より在米国。ワシントン大学教授となる。物理学解説者としても知られた。
グミリョフ, ニコライ・スチェパノヴィチ (1886-1921) 129
　詩人, アンナ・アフマートワと結婚。21年, 反革命の理由で銃殺される。

ペレストロイカ以降，名実とも復権。

グラズノフ，アレクサンドル・コンスタンチーノヴィチ（1865-1936） 158

作曲家，ペテルブルク音楽院長。

グラボロフ，アレクセイ・ニコラエヴィチ（1885-1949） 42, 43

ソビエト時代初期からの知的障害児教育学者。補助学校教育の主導者。

ケクレ，フリードリッヒ・アフグスト（1829-1896） 63

ドイツの有機化学者。

ゲーテ，ヨハン・ヴォルフガング・フォン（1749-1832） 58

ドイツの作家。ワイマールでの政治活動の後，イタリアで美学，古典主義を研究し，多分野で著作を残した。

ケーラー，ヴォルフガング（1887-1967） 54, 56, 57, 77, 90

ドイツの心理学者。ゲシュタルト心理学の指導者の一人。

ケラー，ヘレン（1880-1968） 46

師サリバンの教育により，自らの意思と人格を有する社会的存在として生涯を送った盲ろう女性。

ゴルドン・クレーグ・エドワード（1872-1966） 16

イギリスの舞台美術家，演劇理論家。演出家の絶対主権を主張。名女優エレンテリの長男。

コルニーロフ，コンスタンチン・ニコラエヴィチ（1897-1957） 10, 145

教育学者，モスクワ大学卒業後，心理学研究所研究員。所長チェルパーノフに反対してマルクス主義心理学研究を指導。23-30年, 38-41年，同所長。44-50年，ロシア共和国教育科学アカデミー副総裁。

コロービン，セルゲイ・アレクサンドロヴィチ（1858-1908） 17

風俗・風景画家。

コロレンコ，ヴァシーリー・ガラクチオーノヴィチ（1853-1921） 29, 44

作家。ウクライナ生まれ。ロシア各地に住み，さまざまな人間像や生活にまなざしを向けた。「盲音楽師」(1866)。

サ行

サカリャンスキー，イヴァン・アファナシエヴィチ（1889-1960） 40

ソビエトの盲ろう教育者，ハリコフ・クリニック学校を創設。後にモスクワの欠陥学研究所の盲ろう児教育研究室室長。盲ろう女性オリガ・イワーノヴナの師。多くの盲ろう児の教育実績を残し，現代ロシアの盲ろう児教育の先駆者となった。

ザポロージェッツ，アレクサンドル・ヴラジーミロヴィチ（1905-1981）　138, 139, 145

学生時代にヴィゴツキーに出会う。レンチェフ，ルリヤと共にハリコフに移る。後にモスクワの就学前教育所所長。

シァニャフスキー，アルフォンス・レオノーヴィチ（1837-1905～8?）　18

ポーランド出身のロシアの将軍，メセナート，彼と妻リジヤ・アレクセーエヴナの資産によってモスクワ市 A. L. シァニャフスキー記念人民大学が建てられた（1908-20）。

シェークスピア，ヴォルフガング（1564-1616）　14, 29

イギリスの劇作家・詩人。文学の代表者。

シェリントン，チャールズ・スコット（1861-1952）　51

イギリスの生理学者。神経細胞の機能を研究した。

シシェルビーナ，アレクサンドル・モイセーエヴィチ（1874-1934）　45

哲学者，盲人。3才で失明，キエフ大学で学ぶ。1909-10モスクワ大学で非常勤講師。

ジャーロフ，アレクサンドル・アレクセーエヴィチ（1904-1984）　159

ロシア，ソビエトの詩人。20～40年代の若者たちによく知られていた。特に詩集「ガルモーニ」は当時のコムソモールの生活を描写している。

シュテルン，ヴィリアム（1871-1938）　75, 89

ドイツの心理学者，哲学者。マールブルク学派，差異心理学，教育心理学，ハンブルク大学教授，ナチスを避け，米国デューク大学教授となる。

シュトゥンプ，カルル（1847-1936）　54

ドイツの哲学者・音楽学者。現象学の代表者。ヴィゴツキーはジェームスがシュトゥンプに宛てた手紙を例示した。

シューマン，ロベルト・アレクサンダー（1810-1856）　127

ドイツの作曲家，音楽学者。

シュメリョフ，イヴァン・セルゲーエヴィチ（1873-1950） 17
モスクワ生まれのロシアの作家。モスクワを主題にした作品を多く残した。1922年ベルリンを経て，パリに移住し（23年）以降27年間を過ごした。

ショスタコーヴィチ，ドミートリー・ドミリートリエヴィチ（1906-1975） 20
作曲家，ピアニスト。ロシアの交響楽の伝統を発展させた。国家賞に輝く一方で，批判も受けた。

ショパン，フレデリック（フランソワ）（1810-1849） 20
ポーランドの作曲家・ピアニスト。パリに居住。「ピアノの詩人」と称される。

ジンチェンコ，ヴラジーミル・ペトローヴィチ（1931-2014） 129
モスクワ大学卒業（1953）心理学者。心理学研究所，モスクワ大学に勤める（1960-1982)。ソ連邦科学アカデミー人間科学研究所副所長，ソ連邦心理学会会長。児童心理学，発達心理学，実験認知心理学，技術工学心理学，人間工学の研究者。

ズヴォルィキン，ヴラジーミル・クズネヴィチ（1888-1982） 2
19年に米国へ亡命。31年にテレビ管を発明。

スヴォーロフ，アレクサンドル・ヴァシリエヴィチ（1729or30-1800） 46
虚弱児だったが，将軍として功をあげ，兵学者となった。

スクリプチャー，エドワード・ウィーラー（1864-1945） 51
アメリカの心理学者。アメリカ生まれ，ベルリンで結婚し，ライプツィヒ大学でヴントの指導の下，学位をとる。アメリカ心理学会の創設者。

スクリャービン，アレクサンドル・ニコラエヴィチ（1872-1915） 17
作曲家，ピアニスト。音楽におけるロシア象徴主義・神秘主義的芸術観を築いた。

スコロホードワ，オリガ・イワーノヴナ（1911-1982） 40
盲ろう女性，教育学者。俗にソビエトのヘレン・ケラーと称される。ハリコフ・クリニック学校で師サカリャンスキーと出会い，後にモスクワの欠陥学研究所研究員。

スターリン，ヨシフ・ヴィッサリオノヴィチ（本名ジュガシビリ）（1879

-1953） 133

共産党指導者。レーニンの死後，支配力を強めながら〈粛清〉を開始。死後，スターリン批判が始まる。

スタッフ，レオポルド（1878-1957） 160

ポーランドの詩人，劇作家，翻訳家。

スチェパーノフ，セルゲイ・セルゲーエヴィチ（1958- ） 137

心理学者。モスクワ大学卒（1981），モスクワ市立心理教育大学准教授。

スミルノフ，セルゲイ・アレフチノヴィチ（1955- ） 20

哲学者，方法論者，人類学者，ノヴォシビリスク，アカデムゴロド在住。

ゼイガルニック，ブリューマ・ヴリホヴナ（1900-1988） 134

心理学者，病理心理学者。K・レヴィン，ヴィゴツキーに学ぶ。ゼイガルニック効果（完了行為より未完了行為の方が好記憶）で知られる。

セーチェノフ，イヴァン・ミハイロヴィチ（1829-1905） 2

自然科学者でロシア生理学の創始者。精神を反射原理で，唯物論的に説明し，後の生理学，心理学の発展に大きな影響を与えた。

セリヴィンスキー，イリヤ・リヴォヴィチ（1899-1905） 159

クリミヤ出身の詩人，劇作家，社会主義的リアリズム，アヴァンギャルド主義。

ソロビヨフ，ヴラジーミル・セルゲーエヴィチ（1853-1900） 2

ロシアの哲学者。哲学と神学の融合を説いた。

タ行

ダヴィドフ，ヴァシーリー・ヴァシーリェヴィチ（1930-1998） 145

心理学者。エリコニン，ガリペリンに学ぶ。心理学研究所で研究した。

ダニュシェフスキー，イズライリ・イサコーヴィチ（1890-1950） 38

実験欠陥学研究所所長。

タネェーエフ，セルゲイ・イヴァノヴィチ（1856-1915） 17

作曲家，ピアニスト，N. G. ルビンシュテイン，チャイコフスキーを師とし，モスクワ音楽院教授。ラフマニノフ，スクリャービンら，多くを育てた教育者。

タム，イーゴリ・エフゲーニィエヴィチ（1895-1971） 3
理論物理学者。

チェーホフ，アントン・パブロヴィチ（1860-1904） 2
作家・劇作家。モスクワ大学医学部に学ぶ。

チジョフスキー，アレクサンドル・レオニードヴィチ（1897-1964） 3
生物物理学者。太陽生物学の創始者。

チミリャーゼフ，クリメント・アルカディエヴィチ（1845-1920） 19
植物学者。ダーウィンの影響を受け，植物生理学を専門とする。

チャイコフスキー，ピョートル・イリッチ（1840-1893） 2
作曲家。法務省に職を得るが，ペテルブルク音楽院の第一期生となる。死因になぞが残る。

チュコフスキー，コルネイ・イヴァノヴィチ（1882-1971） 12, 74, 134
詩人，批評家。『２歳から５歳まで』（1928）。

チュッチェフ，フョードル・イヴァノヴィチ（1803-1873） 125
詩人。モスクワ大学卒業後，外交官として西欧在住。帰国して検閲官となる。詩作においても西欧の影響を受けた。発表を好まなかったが叙情詩を書き続け，死後，知られるようになった。

ツヴェターエワ，マリーナ・イヴァーノヴナ（1892-1941） 3
詩人。プーシキン美術館の創設者I・V，ツヴェターエフの娘。フランス留学。22年プラハへ亡命，後にパリを経て38年帰国。

ティモフェーエフ＝レソフスキー，ニコライ・ヴラジーミロヴィチ（1900-1981） 3
生物学・遺伝学者。放射線遺伝学，個体群発生学の研究者。

デムーラン，リュシー・サンプリス・ベノワ（1760-1794） 46
フランスの弁護士，ジャーナリスト，革命家。強度の吃音があったが演出家となった。

デモスファン（デモステネス）（前384-322） 46
古代ギリシャの雄弁家，病弱で吃音者であったが，雄弁家として，アテネ市民，ギリシャ軍を守った。

テレショフ，ニコライ・ドミートリエヴィチ（1867-1957） 16

作家，詩人，文学活動家。彼のもとで水曜日ごとにモスクワの文学集会が行われていた（1899-1922）

トゥールミン，スティーブン（1922-2009） 4

イギリス生まれの科学哲学者。アメリカ市民となり，幅広い分野で活躍した。*The New York*誌においてヴィゴツキーを「心理学のモーツァルト」と書いた（1978）。

ドストエフスキー，フョードル・ミハイロヴィチ（1821-1881） 2, 102, 109, 124

作家。『罪と罰』（1866），『作家の日記』（1873-1880）

トルストイ，レフ・ニコラエヴィチ（1828-1910） 2, 29, 100, 114, 149

作家。『少年時代』（1854），『アンナ・カレーニナ』（1875-77）

ナ行

ニルンゼー，エルンスト＝リカルド・カルロヴィチ（生没年未定，おそらく1860-1918） 16

建築家。モスクワに低価格の賃貸住宅を建て「ニルンゼーの家」と呼ばれた。

ネスチェーロフ，ミハイル・ヴァシリエヴィチ（1862-1942） 17

画家。ロシア共和国功労芸術家。

ハ行

ハイネ，ハインリヒ（1797-1856） 160

ドイツの抒情詩人，評論家。革命活動と社会批判のためにパリへ亡命（1831）。

パステルナーク，ボリス・レオニードヴィチ（1890-1960） 3, 16

詩人，小説家。ユダヤ系芸術家に生まれ，モスクワ大学に入学。レールモントフ，チュッチェフ，リルケ，ブローク，マヤコフスキーらの影響を受け，独自の詩風を確立，スターリン以後も政治的に冷遇が続いた。『ドクトル・ジバコ』でのノーベル賞辞退は有名。

パブロフ，イヴァン・ペトローヴィチ（1849-1936） 7

生理学者。脈管系生理学，消化生理学研究の後，高次神経活動についての学説において，精神活動を客観的科学研究の対象とした。条件反射を発見した。

バーンスタイン，バジル（Bernstein Basil）（1924-2000） 3, 120

ユダヤ系イギリス人の社会学者，教育社会学者。ロンドン大学，ロンドン教育研究所。

ピアジェ，ジャン（1896-1980） 66-71, 78, 88, 94-96, 106, 112, 139

スイスの心理学者，児童心理学者，スイス＝フランス心理学派の中心人物。

ビューラー，カルル（1861-1946） 56, 82

ドイツの哲学者・心理学者。生物学的心理学の立場から，遊戯行動により芸術活動が生まれるとした。ヴェルツブルク学派。

プーシキン，アレクサンドル・セルゲーエヴィチ（1799-1837） 4, 12, 29

ロシアの国民的詩人，作家。近代ロシア語の文章語を確立し，国民文学を創造した。

プラトン（前427-347） 100

ギリシャの哲学者，ソクラテスの弟子。

フリードマン，アレクサンドル・アレクサンドロヴィチ（1888-1925） 3

数学者・地球物理学者。

フリードマン（旧姓プレスマン），ナジェジダ 132, 133

原著者の伯母。

ブリューソフ，ヴァレーリー・ヤコヴレヴィチ（1873-1924） 17, 159

詩人，小説家，理論家，ロシア象徴派の指導者の一人。

ブルガーコフ，ミハイル・アファナシエヴィチ（1891-1940） 3, 153

作家。キエフ大学医学部を卒業し医師となったが，革命後，文筆活動に入る。長く批判を浴びたが，死後評価される。

プレスマン，ジーメル・アブラモヴィチ（1867-1934） 154

原著者の祖父。

フロイト，ジグムント（1856-1939） 11, 164

オーストリアの精神医学者・心理学者。精神分析の創始者。各方面に影

響を与えた。ルリヤと文通していた。

ブローク，アレクサンドル・アレクサンドロヴィチ（1888-1921） 148, 155

詩人。ロシア象徴派の代表者の一人。メンデレーエフの娘に恋し，結婚。しかし，現実生活は詩のモチーフを変えた。

プロコフィエフ，セルゲイ・セルゲイエヴィチ（1891-1953） 3, 158

作曲家，ピアニスト。グリエールの個人指導を受け，ペテルブルク音楽院に入学。18-36まで米，欧に住んだ。エイゼンシュテインとともに映画音楽も残した。

ブロンスキー，パーヴェル・ペトローヴィチ（1884-1941） 19

心理学者。キエフ大学卒業後，モスクワで講師，シァニャフスキー大学でヴィゴツキーを迎える。児童学の代表者の一人，コルニーロフとともにチェルパーノフ観念心理学に反対，心理学研究所で指導的立場にあった。

ブロンフェンブレンナー，ユーリー（1917-2005） 3

モスクワ生まれのアメリカ人心理学者，児童心理学者。ヴィゴツキー，レヴィンの仕事を研究し，人間の「心理学的エコロジー」を提唱。全米教育プログラム「ヘッド・スタート」の作成・導入者。米国コーネル大学教授，モスクワを訪ね，ヴィゴツキーの娘ギータに会う。

ヘーゲル，ヴィルヘルム・フリードリヒ（1770-1831） 128

ドイツ古典哲学の代表者。全世界を運動・変化・発展として弁証法的にとらえた。

ベーコン，フランシス（1561-1626） 79

イギリスの政治・哲学者。スコラ哲学の反論者，科学的方法・経験論の先駆者。

ベートーベン，ルードヴィヒ・フォン（1770-1827） 46

ドイツの作曲家。ウィーンで活動。古典派からロマン派への先駆者となった。中途失聴。

ベヒチェレフ，ヴラジーミル・ミハイロヴィチ（1857-1927） 9, 11, 59, 75

精神神経病理学者。心理学，神経病理学・生理学の大家。心理過程の実験的研究に多大な貢献をした。人間の心理行動を反射学としてとらえよ

うとした。

ベルンシュテイン，ニコライ・アレクサンドロヴィチ（1896-1966） 3

神経学者，生理心理学者。

ポチェヴニャ，アレクサンドル・アファナシエヴィチ（1835-1891） 78

ウクライナ，ロシアのスラブ文学者，民俗誌，民俗学，言語，言語学者，民族心理学の諸問題を研究した。『思想と言語』（1878）。

マ行

マヤコフスキー，ヴラジーミル・ヴラジーミロヴィチ（1893-1930） 3, 4, 16, 29, 158

詩人。グルジア生まれ。少年時代より政治活動し，逮捕，獄中生活を経験。詩と絵画のアヴァンギャルド芸術運動を開始した。スターリン政治体制と不幸な恋愛の中で自死。詩作における実験は彼のロシア詩に大きな影響を与えた。

マンデリシュタム，オシプ・エミリエヴィチ（1891-1938） 3, 101, 127, 129

詩人。ユダヤ人，ロシアとドイツの大学で文学・哲学を学ぶ。フランス詩の影響を受け，芸術的な詩作を求めた。スターリンにより逮捕され，収容所で死亡。

ムソルグスキー，モデスト・ペトローヴィチ（1839-1881） 2

作曲家。ロシア国民楽派，すぐれた音楽性を持ちながら，軍隊生活を経て，官吏となったが，生活力に欠け，病死した。

メンデルスゾーン，フェリクス（1809-1847） 20

ドイツの作曲家，指揮者。15歳で交響曲を書いた。音楽学校を設立，バッハ作品を世に紹介した。

メンデレーエフ，ドミートリー・イヴァノヴィチ（1834-1907） 2, 63

化学者。シベリヤ生まれ，ペテルブルクで学ぶ。元素の周期率を発見，未発見元素を予言した。娘はブロークと結婚。

モーツァルト，ヴォルフガング・アマデウス（1756-1791） 132

オーストリアの作曲家，ウィーン古典派の代表者。短い生涯のうちに多分野で多数の傑作を残した。ドイツ歌劇を確立した。

ヤ行

ヤノフスキー，ミハイル・ヴラジーミロヴィチ（1854-1927） 154

内科医，血液学，ヤノフスキー学派を形成した。

ヤロシェフスキー，ミハイル・グリゴリエヴィチ（1915-2001） 134

心理学者。レニングラード教育大学を卒業し，中学校教師等を経て，モスクワ大学大学院に学ぶ。

ユーゴー，ヴィクトル（1802-1885） 160

フランスの詩人，小説家，劇作家。ナポレオンⅢ世に反対した。ヒューマニスト。

ラ行

ラファエロ，サンティ（1483-1520） 4

イタリアルネッサンスの画家，壁画，肖像画，聖母画を多数描き，サン・ピエトロ大聖堂の建築を監督した。

ラフマニノフ，セルゲイ・ヴァシリエヴィチ（1873-1943） 17

作曲家・ピアニスト。子ども時代は不幸であった。ペテルブルク音楽院，モスクワ音楽院に学び，革命後アメリカに在住した。作品は世界的に好まれている。

リスト，フランツ（1811-1886） 69

ハンガリーのピアニスト・作曲家。交響詩を確立し，ピアノの技法を確立した。

リファノーヴァ，タマーラ・ミハイロヴナ 153

国立モスクワ教育大学教授，ヴィゴツキー研究者，障害児教育実践研究者。

リンネ，カール・フォン（1707-1778） 54

スウェーデンの博物学者。ウプサラ大学教授，生物分類学の方法を確立した。

ルダミーナ，マルガリータ・イヴァーノヴナ（1900-1990） 160

外国文学図書館の創設者で館長（1922-1973），モスクワ大学文学部を卒業。この図書館は現在国立となり1991年より彼女の名を冠している。

ルメトル，オーギュスト・ミカエル（1872-1921） 115
心理学者。ジュネーヴ生まれ，ジュネーヴ大学を卒業後，北欧での仕事を経て，母校で研究，青年期心理学，思春期と精神異常を研究，内言を観察，1905年に「子どもの内言に関する研究」がある。

ルリヤ，アレクサンドル・ロマノヴィチ（1902-1977） 10, 50, 51, 94, 132, 136, 145
ヴィゴツキー3人組の一人。世界的心理学者。

レヴィン，クルト（1889-1947） 49
ドイツで生まれ，アメリカで活躍したユダヤ人心理学者。フライブルク，ミュンヘン，ベルリンの各大学に学び，シュトゥンプの下で心理学を専攻する。志願兵となり復員後，ベルリン大学に帰る（1920）。ウェルトハイマー，ケーラー，コフカらとゲシュタルト心理学を形成し，ヒトラーの迫害を避け渡米，アイオワ大学を皮切りに，国際的な心理学者として活動する。アメリカの市民権（獲得）。

レオンチェフ，アレクセイ・ニコラエヴィチ（1903-1973） 11, 14, 145
ヴィゴツキー3人組の一人。世界的心理学者。

レベージェフ，ピョートル・ニコラエヴィチ（1866-1912） 19
物理学者。ドイツで学び，モスクワ大学教授，光圧測定に成功。大学自治を尊重し，当局の介入に対し自ら大学を去った。

レールモントフ，ミハイル・ユーリエヴィチ（1814-1841） 122
詩人・作家。10代の頃より詩作を始め，少尉となってから上流社会にデビューするも，その偽善を描き，批判した。追放され，友人と決闘して死んだ。

ロルカ，ガルシア・フレデリコ（1899-1936） 4
詩人・劇作家。グラナダ生まれ，演劇と詩と美術を結びつけた。内戦が始まると射殺された。

ロンドン，ジャック（1876-1916） 116
アメリカの作家。動物小説，社会小説を書いた。

手塚知子（帝京学園短期大学）作成

参考文献

1 *Выгодская Г.Л., Лифанова Т.М.* Лев Семенович Выготский. Жизнь. Деятельность. Штрихи к портрету. — М.: Смысл, 1996.

2 *Выготский Л.С.* Основы дефектологии. — СПб.: Лань, 2003. URL: *a.* // http://pedlib.ru/Books/1/0453/1_0453-60.shtml *b.* // http://pedlib.ru/Books/1/0453/1_0453-72.shtml

3 *Выготский Л.С.* Собр. соч.: В 6 т. — М.: Педагогика, 1982—1984.

Выготский Л.С. Трагедия о Гамлете, принце датском, У. Шекспира // Выготский Л.С. Психология искусства. — М.: Искусство, 1968.

4 *Достоевский Ф.М.* Собр. соч.: В 12 т. — М.: Правда, 1982.

5 *Зинченко В.П.* Об этой книге // Выгодская Г.Л., Лифанова Т.М. Лев Семенович Выготский. Жизнь. Деятельность. Штрихи к портрету. — М.: Смысл, 1996.

6 *Иванов В.В.* // Выготский Л.С. Психология искусства. — М.: Искусство, 1968.

7 *Ительсон Л.Б.* Лекции по общей психологии. — Минск: Харвест; ООО «Издательство АСТ», 2000.

8 *Леонтьев А.Н.* Предисловие // Выготский Л.С. Психология искусства. — М.: Искусство, 1968.

9 *Лондон Дж.* Собр. соч.: В 7 т. — М.: Гос. издательство художественной литературы, 1955.

10 *Лурия А.Р.* Послесловие // Выготский Л.С. Мышление и речь: Собр. соч.: В 6 т. — М.: Педагогика, 1982. — Т. 2.

11 Психологическая наука в России XX столетия: проблемы теории и истории. — М.: Изд-во «Институт психологии РАН», 1997.

12 *Рейф И.Е.* Судьба врача «чеховского призыва» // Журнал «Врач». 2005. № 9.

13 *Степанов С.С.* Век психологии: Имена и судьбы. — М.: ЭКСМО, 2002.

14 *Толстой Л.Н.* Собр. соч.: В 14 т. — М.: Гос. издательство художественной литературы, 1952.

15 *Чуковский К.И.* Борьба за сказку // От двух до пяти. — М.: Советская Россия, 1958.

16 *Шноль С.Э.* Герои, злодеи, конформисты российской науки. — М.: КРОН-Пресс, 2001.